INTRODUCCIÓN

Bienvenidos al viaje de transformación y superación. La búsqueda de la prosperidad financiera es un viaje lleno de desafíos y logros, de aprendizaje y crecimiento. Si está listo para tomar ese camino, está a punto de explorar 47 poderosos hábitos que pueden guiarlo hacia la estabilidad financiera y el éxito.

Cada hábito representa un paso hacia una vida financiera más saludable, más próspera y más plena. Son los pilares que sustentan la construcción de una base sólida para tu futuro, permitiéndote no solo superar las adversidades, sino también alcanzar tus sueños y aspiraciones.

Recuerde que el cambio comienza con pequeños pasos, con la determinación de adoptar prácticas positivas y desarrollar mentalidades que lo impulsen hacia el éxito. Cada hábito, por pequeño que parezca, es parte esencial del mosaico que conforma la vida financiera que deseas. Disfrute de cada palabra que sigue, empápese de cada hábito y reflexione sobre cómo pueden integrarse en su propio viaje. Enfrente este desafío con una mente abierta, esté dispuesto a aprender y adaptarse. Cada hábito es una oportunidad para volverse más fuerte, más sabio y más resistente.

El camino que estás a punto de emprender está guiado por la promesa de un futuro mejor y la creencia inquebrantable de que, con dedicación y esfuerzo, es posible trascender las limitaciones y alcanzar un estado de realización financiera.

Recuerda que tú eres el autor de tu historia y que cada paso que das en este viaje es un testimonio de tu compromiso de construir una vida próspera.

Ahora, con un corazón lleno de esperanza y una mente abierta a la transformación, comencemos a explorar estos 47 hábitos para el éxito.

Cada uno es una invitación a superar sus circunstancias y recorrer el camino hacia una vida financiera que no solo supera la pobreza, sino que también florece en logros extraordinarios.

#1 ESTABLECE METAS FINANCIERAS CLARAS Y TANGIBLES

Establecer metas financieras claras y tangibles es un hábito esencial para volverse rico. Esto significa establecer metas específicas relacionadas con sus finanzas, como ahorrar una cantidad determinada de dinero, saldar deudas, invertir en su propio negocio o comprar una casa. Estos objetivos deben ser medibles, alcanzables y de duración determinada.

Al establecer objetivos financieros claros, está creando una hoja de ruta para su futuro financiero. Ayudan a dirigir sus acciones, establecer prioridades y mantenerse enfocados en lograr resultados tangibles. Tener objetivos específicos también lo ayuda a medir su progreso a lo largo del tiempo, lo que le permite hacer ajustes cuando sea necesario.

Además, establecer metas financieras inspiradoras puede ser una poderosa fuente de motivación. Cuando visualiza sus metas y se imagina viviendo una vida financieramente estable y próspera, aumenta su determinación y persistencia para superar los desafíos en el camino.

Recuerda que alcanzar la libertad financiera y salir de la pobreza requiere tiempo, esfuerzo y compromiso. Sin embargo, con metas financieras claras, planificación cuidadosa y perseverancia, es posible lograr una vida financiera más próspera. Mantente enfocado en tus metas, aprende de los obstáculos y recuerda que cada paso hacia ellos es un logro.

CONCLUSIÓN INSPIRADORA:

Al establecer objetivos financieros claros y tangibles, está tomando el control de su destino financiero. Recuerda que cada paso hacia tus metas es un paso hacia la libertad financiera y una vida próspera.

Aunque el camino puede tener obstáculos y desafíos, crea en usted mismo y en su potencial para lograr el éxito financiero. Persevera, mantente enfocado en tus objetivos y disfruta de cada pequeña victoria en el camino.

Con determinación y consistencia, puede transformar su vida financiera y crear un futuro lleno de satisfacción y seguridad.

#2 CREA UN PRESUPUESTO MENSUAL REALISTA Y CUMPLÍELO.

Crear un presupuesto mensual realista y ceñirse a él es un hábito clave para administrar sus finanzas y volverse rico. Esto implica realizar un seguimiento y planificar sus ingresos y gastos mensuales de manera consciente y disciplinada.

Al crear un presupuesto mensual, analiza sus ingresos y gastos, identifica áreas donde puede ahorrar y establece límites para diferentes categorías de gastos, como vivienda, comida, transporte, entretenimiento y más. Es importante ser realista a la hora de establecer estos límites, teniendo en cuenta tus necesidades básicas, pero también buscando el equilibrio entre ahorrar e invertir.

Al apegarse a su presupuesto, desarrolla disciplina financiera y evita gastos impulsivos o innecesarios. Esto le permite controlar mejor sus finanzas, ahorrar dinero y dirigir recursos hacia objetivos financieros a largo plazo, como pagar deudas, crear una reserva de emergencia o invertir en educación y desarrollo profesional.

Al seguir un presupuesto mensual, se vuelve más consciente de sus hábitos de gasto, lo que le permite tomar decisiones financieras más informadas. Empiezas a valorar el dinero, priorizando las necesidades esenciales y evitando el despilfarro.

Con el tiempo, este hábito te permite controlar tus finanzas de manera más eficiente y lograr una mayor estabilidad financiera.

CONCLUSIÓN INSPIRADORA:

Al crear y ceñirse a un presupuesto mensual realista, está tomando el control de su vida financiera.

Recuerda que cada elección financiera que hagas, por pequeña que sea, es una oportunidad para acercarte a una vida de prosperidad.

El camino para salir de la pobreza puede parecer desalentador, pero siguiendo un presupuesto cuidadosamente planificado, estará dando pasos concretos hacia su libertad financiera.

Sea persistente, manténgase enfocado en sus metas y recuerde que cada esfuerzo cuenta. Con disciplina y determinación, puede lograr la estabilidad financiera y construir una base sólida para un futuro próspero.

#3 REGISTRE SUS GASTOS Y IDENTIFIQUE LAS ÁREAS DONDE PUEDE AHORRAR.

Hacer un seguimiento regular de tus gastos e identificar áreas donde puedes ahorrar es un hábito fundamental para hacerte rico y mejorar tu situación financiera. Significa monitorear de cerca cómo gasta su dinero, registrar todos los gastos y analizarlos cuidadosamente.

Al realizar un seguimiento de sus gastos, obtiene una visión clara de cómo está utilizando su dinero. Esto le permite identificar patrones de gasto, gastos innecesarios y oportunidades de ahorro. Al registrar todos los gastos, desde el más pequeño hasta el más grande, tendrá una idea más precisa de cómo se utiliza su dinero.

Al identificar áreas donde puede ahorrar, puede hacer ajustes a su estilo de vida y hábitos de gasto. Esto puede incluir recortar gastos superfluos, renegociar contratos, encontrar alternativas más baratas, comparar precios y aprovechar promociones. Pequeños cambios en los hábitos de gasto pueden sumar ahorros significativos a largo plazo.

Además, al realizar un seguimiento regular de sus gastos, se vuelve más responsable y consciente del dinero. Estará más inclinado a tomar decisiones financieras informadas y evitar gastos impulsivos o innecesarios. Esto lo ayuda a mantener el control de sus finanzas, evitar deudas innecesarias y dirigir su dinero hacia prioridades financieras más importantes.

CONCLUSIÓN INSPIRADORA:

Hacer un seguimiento regular de sus gastos e identificar las áreas en las que puede ahorrar es una forma poderosa de tomar el control de sus finanzas y allanar el camino hacia la prosperidad. Recuerde que cada pequeño ahorro puede sumarse y marcar una gran diferencia con el tiempo.

Sea diligente al registrar sus gastos, analice sus gastos y encuentre formas de reducirlos. Celebre cada victoria financiera, por pequeña que sea, y mantenga la visión de una vida financiera estable y abundante. Con paciencia, perseverancia y una estrecha vigilancia sobre sus finanzas, está construyendo bases sólidas para un futuro financiero próspero.

#4 PRIORIZA TUS GASTOS, EVITANDO GASTOS SUPERFLUOS.

Priorizar tus gastos y evitar los gastos superfluos es un hábito fundamental para enriquecerte y lograr una mayor estabilidad financiera. Se trata de dar importancia al gasto verdaderamente imprescindible y acorde con tus objetivos económicos, reduciendo o eliminando gastos innecesarios y frívolos.

Al priorizar tus gastos, identificas las necesidades básicas y las obligaciones financieras más importantes, como vivienda, alimentación, transporte, salud y educación. Estas son áreas en las que es fundamental asignar recursos financieros de manera consistente. Al establecer prioridades claras, te aseguras de que tu dinero se dirija a las áreas más importantes y fundamentales de tu vida.

Al mismo tiempo, evitar el despilfarro significa evaluar y cuestionar conscientemente el gasto no esencial o impulsivo. Esto puede implicar renunciar a las compras impulsivas, reducir el gasto excesivo en entretenimiento, salir a cenar o artículos de lujo. Al eliminar estos gastos innecesarios, libera recursos financieros para las áreas que realmente importan y pueden impulsar su progreso financiero.

Es importante recordar que evitar gastos superfluos no significa privarse por completo de todas las formas de ocio y placer. Se trata de encontrar un equilibrio entre tus necesidades y deseos, tomando decisiones conscientes y bien pensadas.

CONCLUSIÓN INSPIRADORA:

Al priorizar sus gastos y evitar gastos innecesarios, está tomando el control de su vida financiera y tomando decisiones informadas sobre cómo usar su dinero. Recuerde que cada elección financiera que haga tiene el poder de impactar su futuro.

Al dirigir sus recursos a las áreas que más importan, está invirtiendo en su estabilidad financiera y sentando bases sólidas para una vida próspera.

Tenga el coraje de cuestionar los gastos innecesarios, valore sus prioridades y manténgase enfocado en sus objetivos financieros. Con disciplina, determinación y una mentalidad orientada a la prosperidad, está construyendo un futuro financiero brillante y lleno de posibilidades.

#5 AHORRA UN PORCENTAJE FIJO DE TUS INGRESOS REGULARMENTE.

Ahorrar un porcentaje fijo de sus ingresos de forma regular es un hábito poderoso que puede impulsar su viaje para volverse rico y lograr la estabilidad financiera. Esto implica reservar una parte constante de su salario o ingresos para ahorrar, independientemente de la cantidad o las circunstancias.

Al ahorrar un porcentaje fijo de sus ingresos, está creando un hábito de ahorro sistemático. Este enfoque disciplinado asegura que apartará una cantidad regular para el futuro, creando una reserva financiera y creando un fondo de emergencia. Aunque inicialmente el porcentaje ahorrado parezca pequeño, lo importante es iniciar y mantener este hábito a lo largo del tiempo.

Esta práctica te ayuda a evitar gastar dinero en gastos innecesarios y te anima a vivir dentro de tus posibilidades. Con el tiempo, sus ahorros comenzarán a crecer y se convertirán en un recurso valioso para lograr sus objetivos financieros, como invertir en educación, comprar una propiedad o asegurarse una jubilación cómoda.

Te estás demostrando a ti mismo que eres capaz de construir un mejor futuro financiero y que estás dispuesto a hacer los sacrificios necesarios para lograrlo. Esta práctica también desarrolla resiliencia financiera, ya que estarás preparado para enfrentar imprevistos y enfrentar los desafíos con más calma.

CONCLUSIÓN INSPIRADORA:

Al ahorrar un porcentaje fijo de sus ingresos de manera regular, está plantando las semillas de un futuro financiero próspero. Recuerde que cada pequeño ahorro importa y se acumula con el tiempo.

Mantén el compromiso de ahorrar, aunque el porcentaje inicial parezca pequeño. Celebra cada hito que alcances en tus ahorros y deja que te motive a seguir ahorrando.

Con dedicación, disciplina y visión de largo plazo, estás construyendo un camino sólido hacia la estabilidad financiera y el cumplimiento de tus sueños. Crea en su potencial, manténgase enfocado y sepa que sus ahorros son una inversión valiosa en su futuro.

#6 EVITE EL USO DE TARJETAS DE CRÉDITO Y LIMITE AL EFECTIVO DISPONIBLE.

Evitar el uso de tarjetas de crédito y limitarte con el efectivo disponible es un hábito financiero prudente y efectivo para enriquecerte y tener un mayor control sobre tus finanzas. Esto implica confiar en el dinero que tienes y evitar acumular deudas por el uso excesivo de las tarjetas de crédito.

Al evitar el uso de tarjetas de crédito, evita caer en la trampa de la deuda. Las tarjetas de crédito pueden ser tentadoras ya que ofrecen la ilusión de poder gastar dinero que aún no tienes. Sin embargo, acumular deudas de tarjetas de crédito puede convertirse rápidamente en un círculo vicioso, con altas tasas de interés y pagos mínimos que dificultan el pago de la deuda.

Al limitarte al dinero disponible, aprendes a vivir dentro de tus posibilidades. Esto significa que solo gasta el dinero que realmente tiene, evitando gastos excesivos o gastos impulsivos. A la hora de comprar, estarás más atento y tendrás que tomar decisiones en función de tu situación económica actual. Esto puede ayudarte a controlar tus gastos y evitar acumular deudas innecesarias.

Tendrá una comprensión más clara de cuánto dinero está disponible, cuánto está gastando y adónde va su dinero. Esta conciencia es esencial para desarrollar una gestión financiera sólida, tomar decisiones informadas y planificar mejor su futuro financiero.

CONCLUSIÓN INSPIRADORA:

Al evitar las tarjetas de crédito y limitarse al efectivo disponible, está tomando medidas concretas para controlar sus finanzas y construir un futuro financiero más sólido.

Recuerde que la libertad financiera proviene de poder vivir dentro de sus posibilidades y evitar deudas innecesarias. Al confiar en el dinero que tiene, está desarrollando una relación más saludable con el dinero y construyendo una base estable para lograr sus objetivos financieros.

Manténgase fiel a sus principios, sea disciplinado en sus elecciones financieras y recuerde que cada decisión consciente que toma lo acerca a una vida próspera. Con perseverancia y determinación, está en camino hacia una vida financiera más sana y satisfactoria.

#7 SEA PROACTIVO EN LA BÚSQUEDA DE INGRESOS EXTRA, COMO TRABAJO FREELANCER.

Ser proactivo en la búsqueda de oportunidades de ingresos adicionales, como trabajos independientes, es un hábito valioso para enriquecerse y aumentar sus ingresos. Esto implica ser consciente de las posibilidades de trabajo más allá de su ocupación principal y buscar activamente oportunidades para ganar dinero extra.

Al adoptar este enfoque proactivo, amplía sus fuentes de ingresos y aumenta sus posibilidades de obtener recursos financieros adicionales. Podrás explorar tus habilidades profesionales, como redacción, diseño gráfico, traducción, programación, entre otras, y ofrecer servicios a pedido.

Al buscar oportunidades de ingresos adicionales, usted se está poniendo en control de sus finanzas y no solo depende de una sola fuente de ingresos. Esto ayuda a diversificar sus ingresos y crear una red de seguridad financiera más sólida. Además, los trabajos independientes pueden abrir las puertas a nuevas oportunidades profesionales y al desarrollo de habilidades adicionales.

Es importante recalcar que ser proactivo en la búsqueda de oportunidades de ingresos extra requiere iniciativa, perseverancia y autodisciplina. Debe estar dispuesto a invertir tiempo y esfuerzo en identificar oportunidades, construir su reputación profesional y administrar su tiempo de manera eficiente para hacer malabarismos con sus compromisos regulares y el trabajo independiente.

CONCLUSIÓN INSPIRADORA:

Ser proactivo en la búsqueda de oportunidades de ingresos adicionales, como el trabajo independiente, es una forma poderosa de mejorar su situación financiera y crear nuevas posibilidades en su vida.

Recuerda que tienes habilidades valiosas y talentos únicos que pueden monetizarse. Esté abierto a explorar diferentes caminos y aceptar el cambio. Al dedicarse a buscar oportunidades de ingresos adicionales, está demostrando un compromiso con su crecimiento financiero y abriendo las puertas a un futuro próspero.

Mantente motivado, aprovecha las oportunidades que se presenten y recuerda que cada pequeño paso hacia un ingreso extra es un paso hacia la independencia financiera y el logro de tus metas. Con determinación, creatividad y iniciativa, está construyendo un camino hacia una vida financiera más abundante.

#8 INVIERTE EN TU DESARROLLO PERSONAL MEDIANTE CURSOS.

Invertir en tu desarrollo personal y profesional a través de cursos y educación continua es un hábito fundamental para enriquecerte y lograr una mayor prosperidad. Esto implica buscar constantemente oportunidades de aprendizaje, adquirir nuevas habilidades y ampliar su conocimiento en áreas relevantes para su campo.

Al invertir en su desarrollo personal y profesional, está invirtiendo en usted mismo y en su futuro. Los cursos y programas de educación continua pueden ayudarlo a mejorar sus habilidades existentes, adquirir nuevas habilidades y mantenerse al día en un mercado laboral en constante evolución. Esto puede abrir las puertas a mejores oportunidades laborales, promociones o incluso iniciar su propio negocio.

Esto implica trabajar en su mentalidad, habilidades de comunicación, inteligencia emocional y confianza en sí mismo. A medida que invierte en su crecimiento personal, se vuelve más poderoso para enfrentar desafíos, superar obstáculos y tomar decisiones financieras más informadas y sólidas.

Recuerde que el aprendizaje y el desarrollo personal no tienen por qué ser costosos o inaccesibles. Hay varias opciones disponibles, como cursos gratuitos en línea, bibliotecas locales, grupos de estudio y recursos educativos gratuitos. La clave es tener un compromiso continuo con el aprendizaje y estar dispuesto a invertir tiempo y esfuerzo en su propio crecimiento.

CONCLUSIÓN INSPIRADORA:

Invertir en tu desarrollo personal y profesional a través de cursos y educación continua es una inversión en ti mismo y en tu futuro financiero. Recuerda que el conocimiento es una de las herramientas más poderosas para transformar tu vida. Al buscar constantemente oportunidades de aprendizaje, está demostrando un compromiso con su propio crecimiento y evolución.

Cree en tu potencial y en las posibilidades ilimitadas que te puede brindar el aprendizaje continuo. Recuerde que nunca es demasiado tarde para aprender y desarrollarse. Al adquirir nuevas habilidades, expandir su conocimiento y cultivar su potencial, está construyendo una base sólida para salir de la pobreza y crear una vida financiera más próspera.

Persevere, mantenga la curiosidad y esté abierto a las oportunidades de aprendizaje que se le presenten. Con dedicación y pasión por el crecimiento, está allanando el camino hacia una vida de éxito y satisfacción.

#9 ESTAR DISPUESTO A APRENDER NUEVAS HABILIDADES Y ADAPTARSE AL MERCADO.

Estar dispuesto a aprender nuevas habilidades y adaptarse a las demandas del mercado laboral es un hábito esencial para enriquecerse y prosperar financieramente. En un mundo en constante evolución, es crucial estar abierto a adquirir nuevos conocimientos y adaptarse a los cambios para asegurar tu relevancia y competitividad en el mercado laboral.

Esto implica identificar las habilidades que tienen una gran demanda en su industria y buscar formas de adquirirlas a través de cursos, capacitación, talleres o incluso experiencia práctica. Al volverse versátil y capaz de desempeñar diferentes roles, se vuelve más valioso para los empleadores y abre las puertas a nuevas oportunidades profesionales.

Las nuevas tecnologías, los avances digitales y las necesidades cambiantes de los consumidores pueden requerir que desarrolle nuevas habilidades o se mantenga actualizado en sus áreas de especialización. Al estar dispuesto a adaptarte, te mantienes relevante y competitivo en el mercado, evitando el riesgo de quedar obsoleto y limitado en tus opciones profesionales.

Recuerde que aprender nuevas habilidades y adaptarse no se limita solo a las habilidades técnicas. El desarrollo de habilidades blandas, como la comunicación efectiva, el trabajo en equipo y el liderazgo, también es fundamental para el éxito profesional. La capacidad de llevarse bien con los demás y adaptarse a diferentes entornos laborales es muy valorada por las empresas.

CONCLUSIÓN INSPIRADORA:

Estar dispuesto a aprender nuevas habilidades y adaptarse a las demandas del mercado laboral es una actitud poderosa que puede impulsar su camino para salir de la pobreza y alcanzar el éxito financiero. Recuerde que el aprendizaje continuo es un proceso de por vida y que usted tiene el poder de dar forma a su propio desarrollo profesional.

Esté abierto a nuevas oportunidades de aprendizaje, sea curioso y esté motivado para adquirir nuevas habilidades. Recuerda que tu capacidad de adaptación y aprendizaje te hace resiliente ante el cambio y te abre la puerta a un futuro lleno de posibilidades.

Sea valiente, acepte los desafíos y esté dispuesto a evolucionar constantemente. Con determinación y un deseo ardiente de crecer, está bien encaminado para lograr sus metas y transformar su vida para mejor.

#10 MANTÉNGASE ACTUALIZADO SOBRE LAS TENDENCIAS ECONÓMICAS Y FINANCIERAS.

Mantenerse actualizado sobre las tendencias económicas y financieras es un hábito crucial para volverse rico y tomar decisiones financieras informadas. Esto implica estar al tanto de los cambios en el panorama económico mundial, los mercados financieros, las tasas de interés, la inflación y otros indicadores relevantes.

Esto incluye la planificación de sus inversiones, la identificación de oportunidades de crecimiento, la gestión de riesgos y la anticipación de posibles desafíos. Conocer las tendencias económicas puede ayudarlo a tomar mejores decisiones con respecto a sus finanzas personales, negocios e inversiones.

Además, estar informado sobre las tendencias financieras le permite adaptarse y ajustarse a las condiciones en constante cambio. Por ejemplo, si hay signos de una recesión económica, puede tomar medidas proactivas para proteger sus finanzas, como reducir los gastos innecesarios, aumentar sus ahorros o diversificar sus inversiones. Mantenerse actualizado también lo ayuda a identificar oportunidades de crecimiento en industrias emergentes y anticiparse a los cambios que podrían afectar su carrera o negocio.

Sin embargo, es importante recordar que la información por sí sola no es suficiente. Necesita interpretar y analizar las tendencias económicas de manera inteligente y aplicarlas a su contexto específico.

CONCLUSIÓN INSPIRADORA:

Mantenerse actualizado sobre las tendencias económicas y financieras es una herramienta poderosa para impulsar su viaje hacia la prosperidad financiera. Recuerde que el conocimiento es una ventaja competitiva en el mundo financiero en constante cambio. Al buscar constantemente información actualizada e interpretarla de manera inteligente, se convierte en un participante más informado y capaz en asuntos financieros.

Esté abierto al aprendizaje, sea curioso y esté motivado para ampliar sus conocimientos en esta área. Recuerde que con la información adecuada, puede tomar decisiones financieras más informadas y estratégicas que pueden tener un impacto significativo en su vida financiera y el logro de sus objetivos.

Manténgase motivado y dedicado a mantenerse informado sobre las tendencias económicas y financieras, ya que esto le permitirá construir un futuro financiero sólido y próspero.

#11 BUSCA MODELOS DE ÉXITO FINANCIERO Y APRENDE DE SUS EXPERIENCIAS.

Buscar modelos de éxito financiero y aprender de sus experiencias es un hábito valioso para volverse rico y tener una vida financiera más próspera. Al estudiar e inspirarse en personas que han logrado el éxito financiero, puede obtener ideas, estrategias y conocimientos valiosos que puede aplicar en su propio viaje.

Mientras estudia los viajes de estas personas, busque los principios, estrategias y hábitos que los llevaron al éxito financiero. Aprende de sus errores y aciertos, comprende las mentalidades y actitudes que cultivaron y busca aplicar estas lecciones en tu propia vida. Esto puede implicar perfeccionar sus habilidades comerciales, desarrollar una mentalidad empresarial, adoptar prácticas sólidas de gestión financiera y aprender a tomar decisiones financieras informadas.

Sin embargo, es importante recordar que cada viaje es único y que el éxito financiero puede significar cosas diferentes para todos. Utilice los modelos de éxito financiero como fuente de inspiración y aprendizaje, pero adapte sus experiencias a sus circunstancias y objetivos individuales. No se compare directamente con ellos, pero busque aplicar principios y estrategias que sean relevantes para su propia situación.

CONCLUSIÓN INSPIRADORA:

Buscar modelos de éxito financiero y aprender de sus experiencias es una forma poderosa de acelerar su viaje para volverse rico y alcanzar sus metas financieras. Recuerde que el éxito financiero no es un viaje solitario: hay personas que han recorrido este camino y han compartido sus historias y lecciones aprendidas.

Estudiar estos exitosos modelos a seguir lo inspirará, obtendrá información valiosa y aplicará estrategias comprobadas en su propia vida. Cree en tu potencial, busca aprender de aquellos que han logrado el éxito financiero y adapta sus lecciones para dar forma a tu propio viaje.

Recuerde que el éxito financiero no se trata solo de acumular riqueza, también se trata de crear una vida significativa, lograr la libertad financiera y tener los recursos para respaldar sus metas y sueños. Inspírese con las historias de éxito, aprenda de ellas y cree su propia narrativa de éxito financiero.

#12 CREAR Y MANTENER UNA RED DE CONTACTOS EN BUSCA DE OPORTUNIDADES DE CRECER

Crear y mantener una red de contactos profesionales es un hábito poderoso para enriquecerse y buscar oportunidades de crecimiento. Tener una red sólida de contactos profesionales puede abrir puertas, brindar información valiosa, conectarlo con oportunidades de empleo y emprendimiento, y ofrecerle apoyo y orientación a lo largo de su viaje.

Esto se puede hacer asistiendo a eventos de la industria, conferencias, ferias de trabajo, grupos de redes y redes sociales profesionales. Buscar construir relaciones genuinas, mostrar interés por el trabajo y los logros de los demás, compartir sus propias experiencias y estar dispuesto a ayudar y colaborar.

Su red de contactos profesionales puede ofrecerle varias ventajas. Puede conocer oportunidades de trabajo, recibir referencias para puestos relevantes, descubrir tendencias y noticias de la industria, y recibir consejos y orientación de personas que han experimentado desafíos similares a los que usted enfrenta.

Recuerde que la creación de redes no se trata solo de lo que puede obtener, sino también del valor que puede proporcionar. A medida que construya relaciones genuinas y contribuya al éxito de los demás, fortalecerá su propia red y aumentará sus posibilidades de recibir apoyo y oportunidades en el futuro.

CONCLUSIÓN INSPIRADORA:

Crear y mantener una red de contactos profesionales es una herramienta poderosa para impulsar su viaje fuera de la pobreza y hacia oportunidades de crecimiento. Recuerde que las personas que lo rodean pueden desempeñar un papel importante en su éxito profesional y financiero.

Al construir relaciones auténticas, compartir conocimientos y brindar apoyo, puede establecer una red valiosa que lo respalde en su búsqueda de oportunidades y crecimiento. Crea en el poder de las conexiones y esté dispuesto a invertir tiempo y esfuerzo en construir relaciones significativas.

Recuerda que al colaborar con los demás, todos tienen la oportunidad de crecer y prosperar juntos. Mantenga una mentalidad abierta, esté dispuesto a ayudar y esté agradecido por las conexiones que hace en el camino. Con una sólida red de contactos profesionales, te posicionas para lograr el éxito y crear una vida financiera próspera.

#13 EVITE EL GASTO EXCESIVO EN ENTRETENIMIENTO Y OCIO.

Evitar el gasto excesivo en entretenimiento y ocio es un hábito fundamental para enriquecerse y mantener sus finanzas bajo control. Si bien es importante tener momentos de diversión y relajación, es fundamental encontrar formas más rentables de disfrutar de estas actividades.

En lugar de gastar dinero en actividades caras, como cenas en restaurantes de alta gama, viajes de lujo o entradas a eventos caros, puedes considerar alternativas más económicas, como cocinar en casa, organizar reuniones con amigos en ambientes informales, explorar la naturaleza en público parques o participar en eventos comunitarios gratuitos.

Al establecer un límite en sus gastos de entretenimiento, tendrá más control sobre sus finanzas y evitará caer en la trampa del consumo excesivo.
Otra estrategia es buscar alternativas creativas y económicas para divertirse. Esto puede incluir actividades como leer libros, ver películas en casa, hacer ejercicio al aire libre, aprender nuevos pasatiempos o unirse a grupos de interés común que ofrecen actividades gratuitas o de bajo costo.

Recuerda que ahorrar dinero en entretenimiento y ocio no significa renunciar a divertirte. Por el contrario, al adoptar prácticas más económicas, encontrará formas inteligentes de disfrutar la vida sin comprometer sus finanzas.

CONCLUSIÓN INSPIRADORA:

Al evitar gastar de más en entretenimiento y ocio, está adoptando un enfoque responsable de sus finanzas y creando espacio para un futuro financiero más próspero. Recuerde que la diversión y la recreación son importantes, pero es posible encontrar formas más rentables de disfrutar de estas actividades. Sea creativo, explore opciones alternativas y encuentre maneras de divertirse que se alineen con sus objetivos financieros.

Recuerde que al adoptar prácticas de gastos conscientes, está invirtiendo en su futuro financiero y creando una base sólida para lograr sus objetivos. Valore el equilibrio entre la diversión y la responsabilidad financiera, sabiendo que sus elecciones de hoy pueden abrirle las puertas a un futuro más próspero.

Al tomar decisiones informadas sobre gastos de entretenimiento y ocio, estará construyendo una base financiera sólida y dando un paso importante para salir de la pobreza y alcanzar la libertad financiera.

#14 BUSQUE PRECIOS ANTES DE COMPRAR Y APROVECHE PROMOCIONES Y DESCUENTOS.

Investigar precios antes de comprar y aprovechar promociones y descuentos es un hábito imprescindible para ahorrar dinero y maximizar el valor de cada compra. Al adoptar esta práctica, se convierte en un consumidor más informado y consciente, capaz de tomar decisiones financieras más inteligentes.

Realizar una encuesta de precios significa comparar los precios de un producto o servicio en diferentes establecimientos o plataformas de compra. Esto le permite identificar dónde se ofrece el artículo al precio más bajo, ahorrándole dinero en el proceso. Hoy en día, con la facilidad de acceso a Internet, es posible realizar investigaciones de precios rápidamente a través de sitios web y aplicaciones de comparación de precios.

Además, aprovechar las promociones y los descuentos es una forma efectiva de obtener más valor por su dinero. Esté al tanto de las ofertas, cupones de descuento, programas de fidelización y otros beneficios que los minoristas y proveedores puedan ofrecer. Planifique sus compras en torno a promociones de temporada, como rebajas y festividades, y esté abierto a comprar productos similares de diferentes marcas siempre que satisfagan sus necesidades.

Al adoptar este hábito, ahorra dinero al evitar pagar más de lo necesario por un producto o servicio. Esta práctica también lo ayuda a evitar compras impulsivas y le permite tomar decisiones de compra más reflexivas e informadas.

CONCLUSIÓN INSPIRADORA:

Hacer una investigación de precios antes de comprar y aprovechar las ofertas y los descuentos es una forma inteligente de maximizar el valor de cada centavo que gasta. Al convertirse en un consumidor informado y consciente, ahorra dinero, evita compras innecesarias y toma decisiones financieras más asertivas.

Recuerde que cada compra es una oportunidad para ahorrar y tomar decisiones inteligentes. Sea diligente cuando busque precios, esté atento a las ofertas y los descuentos, y recuerde que cada ahorro que haga lo acercará un paso más a alcanzar sus objetivos financieros.

Aprecie el poder de sus opciones de consumo y permítales conducir su viaje fuera de la pobreza y hacia la estabilidad financiera.

REDUCE LOS GASTOS DE TRANSPORTE ELEGIENDO MEDIOS MÁS ECONÓMICOS.

Reducir los gastos de transporte optando por medios más baratos como el transporte público o la bicicleta es una estrategia financieramente inteligente para enriquecerse. Sin embargo, es importante considerar diferentes circunstancias y necesidades individuales al tomar esta decisión, especialmente cuando se compara con el uso de un automóvil.

1. Uso del transporte público: El transporte público es una opción económica. Aunque puede tomar un poco más de tiempo en comparación con conducir, ofrece la ventaja de reducir los costos de combustible, estacionamiento y mantenimiento de poseer un vehículo. Además, puede aprovechar el tiempo de viaje para leer, trabajar en una computadora portátil o simplemente relajarse.

2. Uso de la bicicleta: La bicicleta es una opción aún más económica y saludable para el transporte diario. Si bien requiere un poco más de esfuerzo físico, ofrece beneficios adicionales como ahorrar dinero en combustible y mantenimiento. También puede ser una forma rápida y eficiente de moverse por áreas urbanas congestionadas, especialmente en viajes cortos.

Sin embargo, es importante reconocer que en algunas situaciones, como lugares con infraestructura de transporte público limitada o cuando el tiempo es esencial. En estos casos, es fundamental evaluar los costes asociados al coche, como el combustible, el seguro, el mantenimiento y el aparcamiento, y buscar formas de optimizar su uso, como compartir coche o combinar actividades en un único viaje.

CONCLUSIÓN INSPIRADORA:

Cuando busca reducir los gastos de transporte, la elección entre transporte público, bicicleta o automóvil depende de sus circunstancias y necesidades individuales. Si bien usar el transporte público o la bicicleta puede implicar un poco más de tiempo y esfuerzo, pueden ser opciones más ventajosas desde el punto de vista financiero, además de brindar beneficios para la salud y el medio ambiente.

Sin embargo, es importante recordar que cada persona tiene su propio viaje financiero y debe tomar decisiones en función de sus circunstancias únicas. Lo importante es encontrar un equilibrio entre sus necesidades de ahorro y las exigencias de su estilo de vida.

Independientemente del modo de transporte elegido, la clave es adoptar prácticas conscientes y sostenibles para maximizar el valor de cada centavo gastado. Cualquiera que elija, recuerde que pequeños cambios en los hábitos pueden tener un impacto significativo con el tiempo. Cree en tu capacidad para tomar decisiones financieras inteligentes y ve cada elección como una oportunidad para crear una vida financiera más próspera y satisfactoria.

#16 BUSCAR FORMAS DE AHORRAR EN GASTOS FIJOS, COMO ALQUILERES, ENERGÍA Y AGUA.

Buscar formas de ahorrar en gastos fijos como el alquiler, la energía y el agua es una estrategia clave para reducir los costos mensuales y mejorar tu situación financiera. Estos gastos son esenciales y recurrentes, por lo que encontrar formas de ahorrar en ellos puede marcar una gran diferencia en su presupuesto.

1. Alquiler: considere buscar opciones de vivienda más asequibles o compartir un espacio con otros para compartir los costos. Negociar el alquiler con el propietario también puede ser una alternativa viable.

2. Electricidad: Adoptar prácticas de consumo consciente, como apagar las luces cuando no se esté utilizando un ambiente, apagar los dispositivos electrónicos en modo stand-by y utilizar lámparas LED de bajo consumo energético. Además, considere invertir en equipos más eficientes, como electrodomésticos que ahorran energía.

3. Agua: evite desperdiciar agua cerrando el grifo mientras se cepilla los dientes, tomándose duchas más cortas y arreglando rápidamente las fugas en los grifos y la plomería. El uso de dispositivos de ahorro de energía, como reductores de flujo y cabezales de ducha de bajo consumo, también puede ayudar a reducir el consumo de agua.

Al ahorrar en estos gastos fijos, tendrá más recursos disponibles para otras áreas importantes, como invertir en su desarrollo personal, crear una reserva de emergencia o pagar deudas.

CONCLUSIÓN INSPIRADORA:

Ahorrar en gastos fijos es una estrategia poderosa para lograr la estabilidad financiera y volverse rico. Pequeños cambios en los hábitos diarios pueden marcar una gran diferencia en su presupuesto a largo plazo. Recuerda que cada centavo que ahorres en estos gastos es un paso hacia tu libertad financiera.

Además, al adoptar prácticas de consumo consciente, contribuyes a la preservación del medio ambiente y te conviertes en un agente de cambio positivo. Atesore cada oportunidad de ahorrar y tome decisiones financieras inteligentes que reflejen sus valores y metas.

Cree en tu capacidad para tomar decisiones inteligentes y creativas para reducir tus gastos fijos. Sea perseverante y comprometido con sus metas financieras. Recuerda que con determinación y disciplina es posible transformar tu situación financiera y alcanzar la libertad y prosperidad que deseas.

#17 EVITE PRÉSTAMOS CON ALTAS TASAS DE INTERÉS Y PAGO DE DEUDAS PRIORITARIOS.

Evitar préstamos con altas tasas de interés y priorizar la liquidación de deudas es una estrategia crucial para volverse rico y construir una base financiera sólida. Cuando obtiene préstamos con altas tasas de interés, termina comprometiendo una parte significativa de sus ingresos para pagar esas deudas.

1. Evita préstamos con tasas de interés altas: Antes de tomar un préstamo, es fundamental analizar cuidadosamente las tasas de interés involucradas. Los préstamos con tasas excesivamente altas pueden convertirse en una trampa financiera, lo que dificulta el pago de la deuda.

2. Priorizar la descarga de deudas existentes: Cuando se trata de deudas ya contraídas, es importante priorizar la descarga de las mismas. Cree un plan de pago estructurado, asignando una parte de su presupuesto para pagar la deuda más rápido. Considere comenzar primero con las deudas con intereses más altos, ya que tienden a acumularse más rápido. Al deshacerse de la deuda existente, liberará recursos financieros para construir una base más sólida y lograr sus objetivos.

Al evitar préstamos con altas tasas de interés y priorizar la liquidación de deudas, ahorrará dinero y liberará recursos para invertir en su futuro financiero. Esto incluye poder ahorrar para emergencias, invertir en educación y mejorar sus habilidades, o incluso invertir en oportunidades comerciales.

CONCLUSIÓN INSPIRADORA:

Deshacerse de la deuda y evitar los préstamos con tasas de interés altas es un gran logro hacia la libertad financiera. Cada paso que da para salir de la deuda es un paso hacia la independencia financiera y el control sobre su futuro.

Tenga en cuenta que el viaje para salir de la deuda puede requerir disciplina, paciencia y una planificación cuidadosa. Cíñete a tu compromiso de evitar deudas innecesarias y saldar las que ya tienes. Celebre cada pequeña victoria en el camino y mantenga sus ojos enfocados en los beneficios financieros y la libertad que le esperan.

Cree en ti mismo y en tu capacidad para superar los desafíos financieros. Con determinación, disciplina y sabiduría financiera, puede construir una base sólida para una vida financiera próspera y alcanzar sus sueños. Nunca subestimes el poder de tomar decisiones financieras inteligentes y trabajar por un futuro mejor.

#18 DESARROLLAR HABILIDADES DE NEGOCIACIÓN.

Desarrollar habilidades de negociación es una estrategia valiosa para obtener mejores términos en contratos y compras. La negociación efectiva le permite obtener precios más bajos, beneficios adicionales y términos favorables en una variedad de situaciones.

1. Investigue y esté preparado: antes de iniciar una negociación, investigue y comprenda los precios y las condiciones del mercado relevantes para el producto o servicio en cuestión. Esté preparado con información sólida y argumentos convincentes para respaldar su posición.

2. Establezca metas realistas: Establezca metas claras para la negociación y sea consciente de sus límites. Tenga en cuenta lo que es realmente importante para usted y esté dispuesto a ceder en ciertos puntos para obtener ventajas en otros.

3. Comuníquese de manera clara y asertiva: Durante la negociación, sea claro y directo en sus comunicaciones. Esté preparado para articular sus necesidades e intereses, pero también escuche atentamente a la otra parte y esté abierto a encontrar soluciones mutuamente beneficiosas.

4. Sea paciente y persistente: el comercio puede llevar tiempo y paciencia. Esté dispuesto a perseverar y explorar diferentes enfoques hasta que encuentre una oferta que cumpla con sus expectativas. Al desarrollar habilidades de negociación, podrá negociar términos favorables en contratos de arrendamiento e incluso mejores beneficios en negociaciones salariales.

CONCLUSIÓN INSPIRADORA:

La habilidad de negociación es una herramienta poderosa que puede abrir la puerta a ahorros significativos y oportunidades financieras. Recuerde que la negociación no se trata solo de obtener el mejor trato para usted, sino también de crear relaciones duraderas y encontrar soluciones mutuamente beneficiosas.

Cree en tu capacidad para desarrollar habilidades de negociación efectivas. Cada negociación exitosa es una oportunidad para desarrollar su confianza y perfeccionar sus habilidades. Sea persistente, esté preparado y apunte siempre al mejor resultado posible.

Recuerde que la negociación no se limita solo a las transacciones comerciales, sino que también se aplica a varias áreas de la vida, como las relaciones, la carrera e incluso el trato consigo mismo. Al dominar esta habilidad, estarás fortaleciendo tu poder de influencia y tomando el control de tus finanzas y tu futuro.

#19 CULTIVAR HÁBITOS DE VIDA SALUDABLE PARA EVITAR EL GASTO EN SALUD EXCESIVO.

Cultivar hábitos de vida saludables es fundamental no solo para el bienestar físico y mental, sino también para evitar gastos excesivos en salud. Cuando priorizamos nuestra salud y adoptamos prácticas saludables, reducimos la probabilidad de experimentar problemas de salud graves y altos costos médicos.

1. Dieta equilibrada: Una dieta sana, rica en nutrientes esenciales, fortalece el sistema inmunológico y reduce el riesgo de enfermedades crónicas. Evitar los alimentos procesados puede resultar en menos visitas al médico y menos necesidad de medicamentos.

2. Ejercicio Regular: La actividad física regular no solo mejora la condición física, sino que también reduce el riesgo de enfermedades cardiovasculares, diabetes y otras condiciones médicas.

3. Manejo del estrés: Practicar técnicas de manejo del estrés como la meditación, el yoga o pasatiempos relajantes puede ayudar a mantener el equilibrio emocional y reducir los gastos de salud relacionados con el estrés.

4. Sueño adecuado: el sueño insuficiente puede comprometer el sistema inmunológico, aumentar el riesgo de enfermedad y afectar negativamente la productividad y el bienestar. Al garantizar un sueño adecuado, está invirtiendo en su salud y evitando costos médicos innecesarios.

CONCLUSIÓN INSPIRADORA:

Al cultivar hábitos de vida saludables, está tomando el control de su salud y reduciendo los gastos con problemas de salunibles.

Priorizar la salud es una forma poderosa de cuidarse a sí mismo y a sus finanzas. Al cultivar hábitos de vida saludables, está invirtiendo en un futuro más vibrante sin costos médicos innecesarios.

Recuerde que las pequeñas decisiones diarias pueden tener un impacto significativo a largo plazo. Con cada comida saludable, cada sesión de ejercicio, cada momento de cuidado personal, estás fortaleciendo tu cuerpo, mente y finanzas.

Cree en el poder transformador de los hábitos saludables. A medida que te cuidas, te fortaleces para enfrentar los desafíos con más vigor y disfrutar la vida al máximo. Tu salud es un tesoro valioso que merece ser protegido, y invertir en ella es un paso importante hacia la prosperidad en todas las áreas de tu vida.

#20 ESTÉ DISPUESTO A HACER SACRIFICIOS POR METAS FINANCIERAS A LARGO PLAZO.

Estar dispuesto a hacer sacrificios temporales por objetivos financieros a largo plazo es un hábito esencial para volverse rico y lograr la estabilidad financiera. Esto significa estar dispuesto a renunciar a ciertos lujos o placeres inmediatos a cambio de beneficios futuros y duraderos.

1. Establezca objetivos financieros claros: tenga objetivos financieros bien definidos e identifique lo que es realmente importante para usted a largo plazo. Esto podría incluir el pago de deudas, la creación de un fondo de emergencia, la inversión para la jubilación o el logro de un cierto nivel de estabilidad financiera.

2. Evalúe las prioridades y elimine los gastos innecesarios: analice sus gastos actuales e identifique las áreas en las que puede reducir o eliminar los gastos innecesarios. Esto podría implicar reducir las suscripciones a los servicios no utilizados, reducir el gasto en entretenimiento o tomar decisiones más rentables sobre las compras diarias.

3. Tome decisiones conscientes: cada vez que surja la tentación de gastar dinero en algo que no esté alineado con sus objetivos financieros a largo plazo, pregúntese si vale la pena renunciar al progreso que está logrando hacia esos objetivos. Sea disciplinado y manténgase enfocado en el resultado final.

Hacer sacrificios temporales puede parecer difícil al principio, pero recuerde que cada elección que haga hacia sus metas financieras está construyendo un futuro mejor para usted y su familia.

CONCLUSIÓN INSPIRADORA:

Recuerde que los sacrificios temporales que hace hoy son inversiones en su futuro financiero. Representan su determinación de salir de la pobreza y crear una vida próspera.

Cree en el poder de tus elecciones y mantente enfocado en tus metas a largo plazo. Los sacrificios que haces ahora son un testimonio de tu fuerza y resistencia. A medida que avanza en este viaje, recuerde celebrar cada paso dado y encuentre gratitud en las pequeñas victorias en el camino.

No te rindas, aunque parezca difícil. Recuerde que usted tiene el poder de dar forma a su futuro financiero a través de las decisiones que tome hoy. La persistencia, la disciplina y la determinación te guiarán al éxito financiero y te abrirán las puertas a una vida próspera y abundante.

CONSTRUIR UN FONDO DE EMERGENCIA PARA HACER FRENTE A INCIDENCIAS FINANCIERAS.

Construir un fondo de emergencia es un hábito fundamental para hacer frente a los imprevistos financieros y garantizar la estabilidad en tiempos de crisis. Este fondo consiste en destinar una cantidad de dinero para cubrir gastos inesperados, como pérdida de empleo, gastos médicos urgentes o reparaciones en el hogar.

1. Establece la cantidad ideal: El primer paso es determinar la cantidad que quieres ahorrar para el fondo de emergencia. Se recomienda tener cubierto el equivalente de tres a seis meses de gastos básicos.

2. Crea un plan de ahorro: Establece un plan para ahorrar regularmente y destina un porcentaje fijo de tus ingresos al fondo de emergencia. Conviértalo en una prioridad financiera y trátelo como un pago obligatorio.

3. Automatice sus ahorros: configure transferencias automáticas a una cuenta separada dedicada exclusivamente al fondo de emergencia. Esto ayudará a mantener la disciplina y garantizará que esté contribuyendo constantemente al fondo.

4. Evite utilizar el fondo de emergencia a menos que sea una emergencia real: Resista la tentación de usar el dinero del fondo para necesidades a corto plazo. Recuerda que el principal objetivo es disponer de una reserva para auténticas emergencias financieras.

Crear un fondo de emergencia brinda tranquilidad financiera y reduce el estrés causado por eventos imprevistos.

CONCLUSIÓN INSPIRADORA:

Crear un fondo de emergencia es un acto de autocuidado financiero que demuestra su dedicación para protegerse contra los imprevistos de la vida. Cuando se compromete a construir esta reserva, está sentando una base sólida para su seguridad financiera y su tranquilidad.

Recuerda que los imprevistos son inevitables, pero tienes el poder de prepararte para ellos. Al crear un fondo de emergencia, está dando un paso importante hacia su independencia financiera y la capacidad de manejar cualquier desafío que pueda surgir en su camino.

Mantente comprometido con tus metas financieras y recuerda que cada aporte al fondo de emergencia es una inversión en tu tranquilidad y estabilidad financiera. Con determinación y disciplina estás construyendo un futuro más seguro y preparado para cualquier eventualidad.

#22 SER DISCIPLINADO EN RELACIÓN CON EL PAGO DE FACTURAS, EVITANDO MULTAS E INTERESES.

Al cumplir con sus compromisos financieros dentro de los plazos establecidos, asegura un mayor control sobre sus gastos y preserva su reputación financiera.

1. Organice sus facturas: mantenga un registro detallado de todas las facturas por pagar, incluidas las fechas de vencimiento y los montos adeudados. Esto se puede hacer a través de una hoja de cálculo o aplicaciones financieras.

2. Configure un sistema de recordatorios: use alarmas, notificaciones o recordatorios electrónicos para asegurarse de no olvidar las fechas de vencimiento. Esto ayudará a evitar retrasos y posibles multas.

3. Automatice sus pagos: si es posible, configure pagos automáticos para sus facturas recurrentes. Esto asegura que el monto adeudado se pague a tiempo, incluso si olvida realizar el pago manualmente.

4. Planifique su flujo de caja: Realice una planificación financiera para asegurarse de tener fondos disponibles para cubrir las facturas a su vencimiento.

5. Priorice los pagos: si tiene dificultades financieras y no puede pagar todas las facturas a tiempo, priorice los pagos esenciales como vivienda, electricidad y alimentos.

Contacta con los acreedores para discutir posibles convenios o alternativas, evitando así intereses y sanciones más severas.

CONCLUSIÓN INSPIRADORA:

Al adoptar disciplina en torno a los pagos de facturas, está tomando el control de su vida financiera. Esta actitud demuestra compromiso y responsabilidad en el manejo de sus finanzas personales.

Recuerde que al cumplir con sus compromisos financieros, está construyendo una base sólida para su futuro. La disciplina en los pagos no solo evita multas e intereses innecesarios, sino que también fortalece su reputación financiera, abriéndole las puertas a futuras oportunidades.

Tenga en cuenta que ser disciplinado con el pago de las facturas no se trata solo de evitar consecuencias negativas, se trata de establecer una relación saludable y de confianza con sus finanzas. Al asumir esta responsabilidad, está dando un paso importante hacia la estabilidad financiera y el logro de sus metas.

#23 EVALUE SUS HABILIDADES Y CONSIDERE COMENZAR SU PROPIO NEGOCIO O EMPRESA.

Al identificar sus habilidades, talentos y pasiones, puede explorar la posibilidad de crear su propia fuente de ingresos y trabajar de forma independiente.

1. Autoevaluación de habilidades: Reflexione sobre sus habilidades, talentos y experiencia. Identificar aquellos que son valorados por el mercado y que pueden convertirse en un negocio rentable.

2. Investigación de mercado: Realice una investigación detallada sobre el mercado en el que pretende operar. Analice la demanda existente, la competencia y las oportunidades disponibles para su producto o servicio.

3. Desarrollo de un plan de negocios: Desarrolle un plan de negocios que describa su propósito, objetivos, estrategias de marketing, análisis financiero y plan de acción. Esto te ayudará a visualizar tu idea de negocio de una manera más estructurada y a tomar decisiones informadas.

4. Buscar apoyo y orientación: buscar recursos y programas de apoyo al emprendimiento, como incubadoras de empresas, aceleradoras, cursos y mentorías. Pueden brindarle la orientación, la capacitación y el apoyo que necesita para iniciar su propia empresa.

5. Comience poco a poco y aumente gradualmente: No tenga miedo de comenzar poco a poco. Puede comenzar su negocio junto con su trabajo actual o como un proyecto de medio tiempo. A medida que el negocio crezca y gane tracción, es posible considerar convertirlo en su principal fuente de ingresos.

CONCLUSIÓN INSPIRADORA:

Al iniciar su propio negocio o empresa, está tomando el control de su vida financiera y allanando el camino hacia la independencia financiera. Esto le brinda la oportunidad de convertir sus habilidades en una fuente sostenible de ingresos y construir un futuro próspero.

Evaluar tus habilidades y considerar iniciar tu propio negocio es un acto de valentía y confianza en tus habilidades. Al emprender, estás abriendo las puertas a la realización de tus sueños y metas financieras.

Recuerda que emprender no es un camino fácil, pero está lleno de aprendizaje, crecimiento personal y profesional, y la posibilidad de crear un impacto positivo en la vida de las personas que te rodean. Es un viaje de persistencia, determinación y pasión.

El espíritu empresarial puede ser una fuente de libertad financiera, realización personal y un legado duradero. Así que no tengas miedo de dar el primer paso, el éxito te está esperando. Cree en tu visión, trabaja duro y nunca dejes de perseguir tus sueños.

#24 MANTENGA UNA ACTITUD POSITIVA Y MOTIVADA HACIA SU META.

Mantener una mentalidad positiva frente a los obstáculos y dificultades es fundamental para superar los desafíos y perseverar en la consecución de tus objetivos.

1. Busque inspiración: Rodéese de historias de éxito inspiradoras de personas que han superado la pobreza y alcanzado la prosperidad financiera. Lea libros, mire documentales, escuche podcasts o únase a comunidades que comparten historias de éxito financiero.

2. Enfrentar los desafíos con resiliencia: Enfrentar los obstáculos y dificultades como oportunidades de crecimiento y aprendizaje. En lugar de decepcionarte, utiliza estas situaciones como motivación para buscar soluciones creativas e innovadoras.

3. Rodéate de personas positivas: Rodéate de personas que compartan tu visión y tengan una mentalidad positiva. Evite a las personas negativas o pesimistas que puedan socavar su determinación y motivación.

4. Celebre los logros: reconozca y celebre cada pequeño logro en el camino. Esto te dará una sensación de progreso y motivación para seguir avanzando hacia tus objetivos.

Mantener una actitud positiva y motivada no solo lo ayuda a superar los desafíos financieros, sino que también mejora su bienestar emocional. Al creer en ti mismo, estás creando una mentalidad de abundancia que atrae oportunidades y éxito financiero.

CONCLUSIÓN INSPIRADORA:

Mantener una actitud positiva y motivada hacia su objetivo de salir de la pobreza es un ingrediente crucial para el éxito financiero. Recuerda que las circunstancias actuales no definen tu futuro. Cree en tu potencial y habilidad para transformar tu situación financiera.

Tenga en cuenta que el viaje hacia la prosperidad puede ser desafiante, con altibajos en el camino. Sin embargo, es importante mantenerse firme en su visión, aprender de los obstáculos y persistir ante las dificultades.

Tenga en cuenta que cada paso que dé hacia su meta es un paso hacia un cambio positivo. Cultiva una mentalidad positiva, mantente motivado y disfruta de cada victoria, por pequeña que sea.

Recuerde que usted tiene el poder de dar forma a su destino financiero. No dejes que las circunstancias externas te definan. Mantén la llama de la esperanza y la determinación ardiendo dentro de ti, y estarás un paso más cerca de alcanzar la libertad.

#25 BUSCA CONOCIMIENTO SOBRE INVERSIONES Y EMPIEZA A INVERTIR.

Buscar conocimientos sobre inversiones y empezar a invertir, aunque sea con montos pequeños, es un hábito fundamental para alcanzar la prosperidad financiera. Al adquirir conocimientos sobre el mercado financiero y las estrategias de inversión, podrá hacer que su dinero trabaje para usted, aumentando sus posibilidades de obtener rendimientos positivos y crear riqueza con el tiempo.

1. Infórmese sobre las inversiones: tómese el tiempo para aprender sobre los diferentes tipos de inversiones disponibles, como acciones, bonos, fondos mutuos, bienes raíces y más.

2. Establezca sus metas financieras: Establezca metas claras con respecto a sus inversiones. Determine si está buscando crecimiento de capital a largo plazo, ingresos pasivos o una combinación de ambos.

3. Empieza con cantidades pequeñas: No es necesario tener una gran cantidad de dinero para empezar a invertir. Comience con cantidades que estén dentro de sus posibilidades financieras.

4. Diversifica tus inversiones: Al diversificar, estás mitigando la posibilidad de pérdidas importantes en caso de fluctuaciones en una sola inversión.

5. Aprenda de la experiencia: esté abierto a aprender de sus éxitos y fracasos. Realice un seguimiento de sus inversiones, mida el rendimiento y ajuste sus estrategias según sea necesario.

CONCLUSIÓN INSPIRADORA:

Invertir puede parecer intimidante al principio, especialmente si es nuevo en esto. Sin embargo, recuerde que cada inversor exitoso comenzó en alguna parte.

Al buscar conocimiento, comenzar con pequeñas cantidades y adoptar un enfoque disciplinado, está dando los primeros pasos hacia un futuro financieramente próspero.

Recuerde que invertir no se limita solo a los ricos y privilegiados. Con perseverancia y dedicación, puede crear una cartera de inversiones que crecerá con el tiempo, proporcionando una base sólida para su libertad financiera.

Sea paciente, aprenda de las experiencias y manténgase fiel a su visión de prosperidad. La riqueza está a tu alcance y tienes el poder de ganarla.

#26 DESARROLLAR HABILIDADES DE COMUNICACIÓN PARA OBTENER MEJORES OPORTUNIDADES.

Desarrollar habilidades de comunicación y negociación es un hábito fundamental para obtener mejores oportunidades laborales y salariales. Estas habilidades son valiosas en todos los aspectos de la vida laboral, desde entrevistas de trabajo hasta negociaciones salariales y colaboración efectiva en el lugar de trabajo.

1. Mejora tus habilidades de comunicación: Esto implica mejorar la comunicación verbal, escrita y no verbal, así como desarrollar la empatía y la inteligencia emocional para conectar mejor con las personas que te rodean.

2. Aprenda a negociar: familiarícese con las estrategias de negociación, aprenda a identificar sus propias fortalezas y debilidades y esté preparado para argumentar de manera persuasiva y razonada durante las negociaciones salariales y otras situaciones relacionadas con el trabajo.

3. Practica la comunicación y la negociación: Aplica tus habilidades de comunicación y negociación en situaciones reales. Esto podría implicar participar en debates, hablar en público, actividades de resolución de problemas en equipo o buscar oportunidades de liderazgo en su lugar de trabajo.

4. Mantenga una mentalidad de crecimiento: esté siempre dispuesto a aprender y mejorar sus habilidades de comunicación y negociación. Recuerde que estas habilidades se desarrollan con el tiempo y requieren una práctica constante. Vea los desafíos como oportunidades de crecimiento y esté abierto a comentarios constructivos.

CONCLUSIÓN INSPIRADORA:

Desarrollar habilidades de comunicación y negociación es una valiosa inversión en ti mismo. Recuerde que la comunicación efectiva es la base para el éxito en todas las áreas de la vida. Al mejorar estas habilidades, estarás ampliando tus posibilidades de crecimiento profesional y logrando mejores resultados en tus interacciones personales y profesionales.

Tenga confianza en su capacidad para expresarse con claridad, escuchar con empatía y negociar hábilmente. Cree que tienes el poder de influir positivamente en tu entorno de trabajo y crear oportunidades para ti mismo.

Recuerde que el camino para mejorar las habilidades de comunicación y negociación es continuo. Esté abierto a aprender, practicar y buscar constantemente formas de desarrollar estas habilidades. Con dedicación y perseverancia, puedes convertirte en un comunicador y negociador excepcional, abriéndote las puertas a un prometedor futuro profesional.

#27 ESTÉ DISPUESTO A CAMBIAR DE CARRERA, SI LE PROPORCIONA MEJORES PERSPECTIVAS.

Estar dispuesto a cambiar de carrera o industria es un hábito que puede ofrecer mejores perspectivas de ingresos y oportunidades de crecimiento profesional. A veces, el área en la que nos encontramos actualmente no nos permite alcanzar todo nuestro potencial financiero o no está alineada con nuestras metas a largo plazo. En estos casos, es importante considerar un movimiento que pueda abrir nuevas puertas y brindar un entorno más propicio para el éxito financiero.

1. Evalúe sus motivaciones y objetivos: reflexione sobre sus motivaciones para seguir una carrera o un cambio de industria. Considere sus metas financieras, aspiraciones profesionales y lo que valora en una carrera.

2. Investigue e identifique áreas prometedoras: explore diferentes industrias y carreras que tienen una gran demanda y ofrecen una compensación atractiva. Mire las tendencias del mercado laboral, las habilidades requeridas y las oportunidades de crecimiento profesional.

3. Adquirir nuevas habilidades y conocimientos: Estar dispuesto a invertir tiempo y esfuerzo para adquirirlos. Tome cursos, participe en capacitaciones o busque otras formas de capacitación que lo preparen para la transición deseada.

4. Esté abierto a las oportunidades de aprendizaje: cuando cambie de carrera o industria, esté dispuesto a comenzar en niveles más bajos o asumir roles de nivel de entrada para ganar experiencia y abrir puertas para el progreso futuro.

CONCLUSIÓN INSPIRADORA:

Estar dispuesto a cambiar de carrera o industria es una demostración de coraje y apertura a nuevas oportunidades. Recuerde que el camino hacia una vida financiera más próspera no siempre sigue una línea recta y, a veces, es necesario dar pasos audaces para alcanzar sus metas.

Al estar abierto al cambio, está abriendo posibilidades para encontrar una carrera que no solo ofrezca mejores perspectivas de ingresos, sino que también brinde satisfacción personal y profesional. Recuerde que cada experiencia y conocimiento adquirido en el camino es valioso y puede contribuir a su crecimiento y éxito.

Confía en tu capacidad de adaptación, aprendizaje y reinvención. Sea resistente frente a los desafíos y manténgase enfocado en sus metas financieras. Recuerde que cada paso hacia el cambio es un paso hacia una vida laboral más satisfactoria y económicamente gratificante.

Así que sé abierto, sé valiente y aprovecha la oportunidad de cambio. Su determinación y disposición para explorar nuevos horizontes pueden abrirle las puertas a un futuro profesional prometedor y realización financiera.

#28 CONSTRUYE UNA RED DIVERSIFICADA DE CONTACTOS.

Construir una red diversa que incluya personas de diferentes industrias y entornos sociales es un hábito poderoso que puede abrir las puertas a oportunidades profesionales y financieras. Tener una red amplia y diversa de contactos puede brindar información valiosa, conexiones y recursos a lo largo de su viaje para salir de la pobreza.

1. Expande tus círculos sociales: Asiste a eventos profesionales, conferencias, talleres y reuniones sociales para conocer gente de diferentes industrias y niveles sociales.

2. Cultivar relaciones auténticas: Concéntrese en construir relaciones genuinas basadas en la confianza, el respeto mutuo y el interés mutuo. Interésese en las historias y experiencias de las personas y esté dispuesto a ofrecer apoyo y colaboración siempre que sea posible.

3. Busca mentores y aprendices: busca mentores, personas que ya hayan logrado el éxito en su área de interés y estén dispuestas a compartir sus conocimientos y guiarte en tu viaje. Además, esté abierto a asesorar a otras personas que podrían beneficiarse de sus propias experiencias y conocimientos.

4. Esté dispuesto a ofrecer ayuda: esté siempre listo para ayudar a otros en su red. Al ayudar a otros, construye conexiones más fuertes y establece una reputación positiva.

CONCLUSIÓN INSPIRADORA:

Una red diversa es un activo valioso en su búsqueda para salir de la pobreza. Recuerde que construir relaciones genuinas y significativas requiere tiempo, esfuerzo y dedicación. Al cultivar una red diversa de contactos, está abriendo puertas a oportunidades que nunca antes había considerado.

Nunca subestimes el poder de las conexiones humanas. Al conectarte con personas de diferentes industrias y estilos de vida, amplías tus horizontes, obtienes conocimientos valiosos y encuentras mentores y aliados que pueden ayudarte en tu viaje.

Manténgase abierto y dispuesto a construir relaciones auténticas. Aprecie cada conexión que establezca y esté dispuesto a ofrecer apoyo y ayuda siempre que pueda. Recuerda que tu red es una comunidad que puede fortalecerse entre sí.

Así que comience a construir su red diversa hoy. Cada nueva conexión puede ser un paso hacia oportunidades emocionantes, colaboraciones fructíferas y un futuro próspero. Cree en el poder de las conexiones humanas y ábrete a las infinitas posibilidades que pueden surgir de estas relaciones.

#29 APRENDA A MANEJAR EL ESTRÉS Y LIDIAR CON LA PRESIÓN FINANCIERA.

Aprender a manejar el estrés y lidiar con la presión financiera de manera saludable es un hábito esencial para garantizar el bienestar emocional y mental durante el viaje hacia la riqueza. Lidiar con el estrés financiero de manera adecuada puede ayudarlo a evitar decisiones impulsivas y mantener una perspectiva positiva frente a la adversidad.

1. Reconozca sus factores desencadenantes: identifique las situaciones o pensamientos que desencadenan el estrés financiero en su vida. Puede ser falta de dinero, facturas acumuladas o preocupaciones por el futuro. Al reconocer estos factores desencadenantes, puede desarrollar estrategias para enfrentarlos de manera más efectiva.

2. Establezca un plan financiero realista: tener un plan financiero bien estructurado puede ayudar a reducir el estrés y la incertidumbre con respecto a las finanzas. Cree un presupuesto realista, establezca objetivos financieros claros y cree un plan de acción para alcanzarlos. Tener un plan organizado y realizar un seguimiento regular de sus gastos lo ayudará a mantenerse al tanto de sus finanzas y reducir la presión financiera.

3. Practica el autocuidado: Cuídate física y emocionalmente. Dedique tiempo a actividades que lo ayuden a relajarse y aliviar el estrés, como el ejercicio, la meditación, los pasatiempos o pasar tiempo con sus seres queridos. Una buena salud emocional lo ayudará a enfrentar la presión financiera con más resiliencia.

CONCLUSIÓN INSPIRADORA:

La vida financiera puede ser desafiante, pero aprender a manejar el estrés y lidiar con la presión financiera de una manera saludable es una habilidad poderosa que puede ayudar a construir una base sólida para el éxito financiero. Al enfrentar el estrés financiero con resiliencia y equilibrio emocional, estará mejor preparado para enfrentar los desafíos que se presenten en el camino.

Recuerde que el estrés financiero es una parte normal del viaje, pero no debe dominar su vida. Confía en tu capacidad para enfrentar las dificultades y cree que cada desafío es una oportunidad de crecimiento y aprendizaje.

Cultive una mentalidad positiva, busque apoyo cuando sea necesario y practique el cuidado personal con regularidad. Encuentre formas saludables de lidiar con el estrés, como hacer ejercicio, meditar o pasar tiempo con las personas que ama. De esa manera, estará construyendo una base sólida para enfrentar los desafíos financieros con claridad, resiliencia y optimismo.

Cree en ti mismo y en tu capacidad para superar la adversidad financiera. Tienes el control de tu vida financiera y tienes el poder de transformar tu situación actual en una realidad próspera y financieramente estable.

#30 DESARROLLAR UNA MENTALIDAD EMPRENDEDORA, BUSCANDO OPORTUNIDADES DE NEGOCIO.

Tener una mentalidad emprendedora significa estar abierto a identificar y aprovechar oportunidades, ser creativo en la resolución de problemas y tener la determinación de convertir las ideas en realidad.

1. Preste atención a las tendencias y demandas del mercado: . Identificar brechas y oportunidades de negocio que puedan ser aprovechadas. Esté abierto a ajustar su enfoque y adaptarse a las demandas en constante evolución.

2. Sea curioso y creativo: Cultive la curiosidad constante y una mente abierta para buscar soluciones creativas a los problemas o necesidades existentes.

3. Tome riesgos calculados: el espíritu empresarial implica tomar riesgos, pero es importante hacer un análisis cuidadoso antes de tomar decisiones importantes.

4. Desarrollar habilidades de liderazgo y gestión: un emprendedor eficaz necesita tener habilidades de liderazgo y gestión. Esto incluye habilidades de comunicación, la capacidad de tomar decisiones, motivar equipos y administrar los recursos de manera eficiente.

5. Mantenga una mentalidad de aprendizaje continuo: el espíritu empresarial es un proceso de aprendizaje constante. Estar dispuesto a adquirir nuevos conocimientos, buscar el asesoramiento de expertos, aprender de los errores y adaptarse a los cambios en el entorno empresarial.

CONCLUSIÓN INSPIRADORA:

Desarrollar una mentalidad emprendedora es abrir puertas a un mundo de posibilidades. Recuerda que el emprendimiento va más allá de iniciar un negocio; es una forma de pensar y actuar en busca de oportunidades. Al cultivar una mentalidad emprendedora, se está capacitando para crear su propio camino hacia el éxito financiero.

El camino empresarial puede ser desafiante, pero también lleno de recompensas y realización personal. Crea en sus habilidades, sea resiliente frente a los desafíos y esté dispuesto a emprender el viaje empresarial. Cada obstáculo que enfrenta es una oportunidad para aprender y crecer, y cada idea que convierte en realidad puede conducir a logros significativos.

Recuerda que los emprendedores exitosos comienzan con un sueño y el coraje de actuar. Esté abierto a las oportunidades que se presenten en el camino y no tenga miedo de perseguir sus metas con pasión y determinación.

El mundo está lleno de posibilidades para aquellos que tienen el coraje de buscar oportunidades de negocios. Ser visionario, perseverante y abierto al cambio. Cree en tu potencial para crear un impacto positivo y construir una realidad económicamente próspera a través del emprendimiento.

#31 ESTÉ DISPUESTO A TRABAJAR HORAS ADICIONALES PARA AUMENTAR SUS INGRESOS.

Estar dispuesto a trabajar duro y dedicar horas extra si es necesario es un hábito clave para aumentar sus ingresos y alcanzar sus metas financieras. Trabajar duro suele ser un requisito para el éxito, especialmente cuando se trata de hacerse rico.

1. Compromiso con el trabajo: Demuestra compromiso con tu trabajo, cualquiera que sea tu ocupación. Estar dispuesto a asumir responsabilidades adicionales y entregar resultados de calidad.

2. Sea flexible: esté abierto a trabajar horas extras o trabajar en horarios no convencionales si es necesario para aumentar sus ingresos. La flexibilidad puede ayudar a demostrar su compromiso y voluntad de hacer lo que sea necesario para alcanzar sus metas financieras.

3. Mantenga el equilibrio: si bien es importante estar dispuesto a trabajar duro, también es esencial mantener un equilibrio saludable entre el trabajo y la vida personal. Asegúrese de hacer tiempo para el descanso, la recreación y las relaciones personales para que pueda recargar energías y evitar el agotamiento.

4. Tenga una visión clara: Tenga una visión clara de sus metas financieras y téngalas en cuenta mientras trabaja duro. Recuerda que cada esfuerzo extra que hagas te está acercando a una situación financiera más estable y próspera.

CONCLUSIÓN INSPIRADORA:

Trabajar duro y estar dispuesto a trabajar horas extras si es necesario es un compromiso que te haces a ti mismo en la búsqueda de un futuro mejor. Recuerde que el trabajo duro es una pieza clave en el rompecabezas del éxito financiero. Cada esfuerzo adicional que haga es un paso hacia una vida financiera más estable y satisfactoria.

Mantente motivado y enfocado en tus metas. Recuerde que el trabajo duro trae recompensas y oportunidades. Al esforzarse, está creando un camino para usted mismo, abriendo las puertas al crecimiento profesional, mayores ingresos y una vida financiera más próspera.

Sepa que cada hora extra que invierte en su trabajo es una hora más cerca de alcanzar sus sueños y superar la pobreza. Cree en tu potencial, mantente dedicado y dispuesto a hacer lo que sea necesario para construir una vida financiera estable y exitosa.

Nunca subestimes el poder del trabajo duro y la determinación. Mantente resistente, aprende de las experiencias y no te rindas, incluso cuando los desafíos parezcan difíciles. Con determinación y perseverancia, puede lograr grandes logros financieros y alcanzar sus objetivos de vida.

#32 INVIERTA EN HABILIDADES DE MARKETING PERSONAL PARA DESTACAR.

El marketing personal consiste en promocionar tu marca personal, destacando tus cualidades, habilidades y logros de forma persuasiva y auténtica. Al dominar esta habilidad, aumenta sus posibilidades de impresionar a los empleadores y obtener mejores oportunidades laborales y negociaciones salariales.

1. Identifique sus habilidades y logros clave: Realice una autoevaluación honesta para identificar sus habilidades, experiencia y logros relevantes clave. Comprenda qué lo hace único y cómo sus habilidades pueden agregar valor a la empresa.

2. Mejora tu comunicación verbal y no verbal: Entrena tu capacidad para expresarte con claridad, utilizar un lenguaje positivo y transmitir confianza. Además, presta atención a tu lenguaje corporal y expresiones, transmitiendo una imagen segura y profesional.

3. Cree un currículum impactante y un perfil en línea: elabore un currículum atractivo que destaque sus logros y experiencias relevantes para el trabajo.

4. Prepárese para entrevistas y negociaciones salariales: investigue la empresa y el puesto deseado para que pueda articular cómo sus habilidades y experiencia se alinean con las necesidades de la empresa.

5. Demostrar Confianza y Entusiasmo: Demostrar confianza en sus capacidades y entusiasmo por la oportunidad de trabajar para la empresa. Comuníquese claramente, mantenga el contacto visual y muestre un interés genuino en el proceso de selección.

CONCLUSIÓN INSPIRADORA:

Invertir en habilidades de mercadeo personal puede abrir puertas a emocionantes oportunidades profesionales y aumentar sus posibilidades de éxito en entrevistas de trabajo y negociaciones salariales. Recuerde que usted es su mejor defensor y defensor cuando se trata de promocionar su marca personal.

Al desarrollar habilidades personales de marketing, se empoderará para sobresalir en un mercado competitivo y transmitir de manera convincente su propuesta de valor. Cree en ti mismo, reconoce tus logros y ten confianza al presentar tu historia y experiencias a los demás.

Con dedicación, práctica y mejora continua, puedes convertirte en un experto en marketing personal y sobresalir en entrevistas y negociaciones salariales. Recuerda que tienes habilidades únicas y valiosas que ofrecer. Cree en tu potencial y muéstrale al mundo por qué eres el candidato ideal. Su determinación y confianza darán sus frutos a medida que avance en su carrera y logre el éxito que desea.

#33 CULTIVAR RELACIONES SALUDABLES, EVITANDO CONFLICTOS FINANCIEROS.

Cuando se trata de dinero, es fundamental establecer una comunicación abierta, respetuosa y transparente con las personas que te rodean. Aquí hay algunas pautas para cultivar relaciones financieramente sanas:

1. Comunicación efectiva: Sea abierto y esté dispuesto a hablar sobre temas financieros de manera clara y honesta con sus socios, amigos y familiares.

2. Establezca límites claros: establezca límites claros cuando se trata de dinero y evite prestar o tomar prestado sin un entendimiento mutuo y un plan de pago.

3. Planifique actividades financieramente sólidas: cuando planifique actividades sociales, tenga en cuenta las limitaciones financieras de todos los involucrados. Opte por opciones más asequibles y comparta las responsabilidades financieras de manera justa. Esto ayudará a evitar resentimientos y garantizará que todos puedan disfrutar de las experiencias sin ejercer presión sobre sus presupuestos.

4. Practica la empatía: Sé consciente de las diferentes situaciones financieras de las personas que te rodean. Sea empático y comprensivo con los desafíos financieros que puedan estar enfrentando. Evite juzgar y ofrezca apoyo y orientación si corresponde.

5. Colabore en objetivos financieros compartidos: si comparte objetivos financieros con su pareja o familia, trabaje en equipo para alcanzarlos.

CONCLUSIÓN INSPIRADORA:

Cultivar relaciones financieramente sanas es fundamental para mantener la armonía en nuestras vidas. Recuerde que el dinero puede ser un tema delicado, pero la comunicación abierta y el respeto mutuo son la base para relaciones sanas y duraderas.

Al establecer límites claros, practicar la empatía y colaborar en objetivos financieros compartidos, construirá relaciones más sólidas y resistentes. Aprenda a escuchar con atención, comprender las perspectivas de los demás y encontrar soluciones que beneficien a todos.

Recuerda que las relaciones saludables no solo son beneficiosas para la salud financiera, sino también para el bienestar emocional y la calidad de vida. Al cultivar relaciones armoniosas desde el punto de vista financiero, está construyendo una red de apoyo que lo sostendrá en su viaje hacia la estabilidad financiera.

Aprecia tus relaciones y tómate el tiempo para nutrirlas. Mantener una comunicación abierta, respeto mutuo y apoyo mutuo con respecto a los asuntos financieros. Al hacerlo, fortalecerá sus lazos y creará una base sólida para un futuro próspero y saludable desde el punto de vista financiero.

#34 USAR LA TECNOLOGÍA Y INTERNET PARA BUSCAR OPORTUNIDADES LABORALES.

Con el avance de la tecnología, el mercado laboral se ha expandido más allá de las fronteras físicas, ofreciendo una variedad de oportunidades laborales flexibles y remotas. Aquí hay información importante sobre este hábito:

1. Acceso a una amplia variedad de oportunidades: Internet ofrece un universo de posibilidades para el trabajo remoto y freelance en diferentes sectores y áreas de actividad. Las plataformas en línea, los sitios independientes y las redes profesionales pueden conectarlo con oportunidades laborales en todo el mundo, independientemente de su ubicación física.

2. Flexibilidad en el horario de trabajo: trabajar de forma remota o como autónomo te da la flexibilidad de establecer tu propio horario de trabajo. Esto te permite conciliar otras responsabilidades personales, como cuidar de la familia, estudiar o asumir otros proyectos paralelos.

3. Ahorro de tiempo y dinero: trabajar de forma remota elimina la necesidad de desplazamientos diarios, lo que ahorra tiempo y costos de transporte. .

4. Desarrollo de habilidades digitales: trabajar en línea requiere dominar habilidades digitales, como el uso de herramientas de comunicación virtual, el trabajo en equipo remoto y la gestión de proyectos en línea. Estas habilidades son cada vez más valoradas en el mercado laboral actual y pueden abrir las puertas a nuevas oportunidades profesionales.

CONCLUSIÓN INSPIRADORA:

La tecnología e Internet brindan un mundo de oportunidades para quienes desean enriquecerse. Al usar estas herramientas para buscar trabajo remoto y oportunidades independientes, puede romper las barreras geográficas y aprovechar la flexibilidad y la diversificación de ingresos.

Ten en cuenta que este cambio de estilo de trabajo requiere autodisciplina, organización y mejora continua de tus habilidades. Estar dispuesto a aprender nuevas tecnologías y adaptarse a las exigencias del trabajo remoto. Valore sus habilidades y experiencia, y esté abierto a explorar diferentes áreas de especialización.

Aproveche las oportunidades que ofrece la tecnología e Internet para construir una carrera flexible y gratificante. Cree en tu potencial para adaptarte y prosperar en este nuevo escenario laboral. Con dedicación, esfuerzo y perseverancia, puedes lograr la estabilidad financiera y la realización profesional que deseas.

#35 APRENDE A GESTIONAR EL TIEMPO EFICIENTEMENTE.

Administrar el tiempo de manera efectiva le permite alcanzar sus metas, cumplir con los plazos y equilibrar sus responsabilidades de manera más eficiente. Aquí hay algunos consejos para desarrollar este hábito:

1. Priorizar: identificar las tareas más importantes y urgentes y centrarse en ellas. Establezca objetivos claros y establezca plazos realistas para cada actividad. Esto ayudará a dirigir su atención a lo que realmente importa y evitará la procrastinación.

2. Organízate: utiliza herramientas como agendas, calendarios o aplicaciones de gestión de tareas para planificar tus actividades. Cree listas de tareas diarias o semanales y revíselas regularmente para seguir su progreso.

3. Elimine las distracciones: identifique las distracciones que pueden afectar su productividad y encuentre formas de minimizarlas. Apague las notificaciones del teléfono celular, evite acceder a las redes sociales mientras trabaja y cree un entorno de trabajo libre de distracciones.

4. Practica la delegación: Si es posible, delega tareas que puedan ser realizadas por otras personas. Esto le permite enfocar su energía en actividades más importantes y de alto impacto.

5. Reserva tiempo para el descanso y el cuidado personal: Es fundamental tomarse un tiempo para descansar, recargar energías y cuidarse. Tome descansos regulares durante el día, duerma lo suficiente y mantenga una rutina saludable.

CONCLUSIÓN INSPIRADORA:

El tiempo es un recurso valioso y limitado, y aprender a administrarlo de manera eficiente es esencial para lograr tus objetivos y vivir una vida equilibrada y plena. Al desarrollar habilidades de administración del tiempo, tendrá la capacidad de lograr más, cumplir con los plazos y aprovechar al máximo cada momento.

Recuerde que la gestión eficaz del tiempo no se trata solo de ser productivo, sino también de crear espacio para las cosas que son realmente importantes en su vida, como pasar tiempo con su familia, dedicarse a pasatiempos o cuidar su salud y bienestar. ser. Encuentre el equilibrio adecuado entre el trabajo y otras áreas de su vida para promover su éxito y felicidad.

Disfruta cada momento y sé intencional con tu tiempo. Ten claras tus prioridades, organízate, elimina las distracciones y reserva tiempo para cuidarte. Al adoptar este hábito de administración eficaz del tiempo, estará bien encaminado hacia una vida más productiva, equilibrada y significativa.

#36 BUSCAR OPORTUNIDADES A BAJO COSTO PARA ADQUIRIR NUEVOS CONOCIMIENTOS.

La educación continua es esencial para el crecimiento personal y profesional, y buscar alternativas asequibles puede ayudarlo a expandir sus horizontes sin poner a prueba sus finanzas. Aquí hay algunos datos sobre este hábito:

1. Cursos en línea gratuitos: muchas instituciones y plataformas de enseñanza de renombre ofrecen cursos en línea gratuitos en una amplia variedad de áreas, como negocios, tecnología, salud, idiomas, entre otras.

2. Recursos gratuitos: además de los cursos, hay muchos recursos gratuitos disponibles, como tutoriales en video, podcasts, libros electrónicos, blogs y artículos de expertos. Aproveche estas fuentes de conocimiento para profundizar en temas de su interés, adquirir nuevas habilidades y mantenerse actualizado en su campo.

3. Grupos de estudio y comunidades en línea: Únete a grupos de estudio o participa en comunidades en línea donde puedes intercambiar conocimientos y aprender de otras personas interesadas en el mismo tema. Estas interacciones pueden proporcionar información valiosa y crear oportunidades para el aprendizaje colaborativo.

4. Aproveche los recursos locales: busque bibliotecas locales, centros comunitarios y otras instituciones que ofrezcan programas educativos gratuitos o de bajo costo. Estos recursos pueden incluir conferencias, talleres y grupos de estudio que brindan acceso a conocimientos valiosos.

CONCLUSIÓN INSPIRADORA:

Buscar oportunidades educativas gratuitas o de bajo costo es una forma poderosa de seguir aprendiendo y expandir sus horizontes, incluso con recursos financieros limitados. Recuerda que el conocimiento es una de las mejores herramientas para superar la pobreza y alcanzar el éxito.

Nunca subestimes el valor del aprendizaje continuo. Esté abierto a explorar diferentes áreas de interés, buscando conocimientos especializados y adquiriendo nuevas habilidades. Aproveche las oportunidades de educación gratuitas o asequibles e invierta en usted mismo.

La búsqueda del conocimiento no solo enriquece tu mente, sino que también fortalece tu confianza y amplía tus perspectivas. Recuerda que el aprendizaje es un proceso continuo a lo largo de la vida, y cada nuevo conocimiento adquirido es un paso hacia un futuro más prometedor.

Nunca deje de aprender, aproveche las oportunidades disponibles y manténgase motivado en su viaje de desarrollo personal y profesional. Con dedicación, curiosidad y perseverancia, puedes abrir puertas a nuevas oportunidades y alcanzar tus metas.

#37 EXPLORA LA POSIBILIDAD DE TRABAJO VOLUNTARIO EN TU ÁREA DE INTERÉS.

Explorar la posibilidad de ser voluntario en organizaciones relevantes para tu área de interés es un hábito valioso por varias razones.

1. Contribución comunitaria: al involucrarse en organizaciones relevantes para su área de interés, puede ayudar a resolver problemas, impulsar un cambio positivo y tener un impacto significativo en la sociedad.

2. Adquisición de nuevas habilidades: Podrás aprender a trabajar en equipo, desarrollar habilidades de liderazgo, mejorar la comunicación y mejorar tus habilidades técnicas. Estas habilidades pueden transferirse a su carrera profesional y aumentar sus posibilidades de éxito.

3. Expansión de la red: al participar en el trabajo voluntario, tiene la oportunidad de conocer personas de ideas afines y hacer conexiones significativas.

4. Desarrollo personal: puede obtener una perspectiva más amplia de las necesidades de los demás y desarrollar habilidades para resolver problemas. Además, el trabajo voluntario puede brindar un sentido de propósito y satisfacción personal al ver el impacto positivo que está logrando.

5. Exploración de carreras e intereses: al comprometerse con organizaciones relevantes, puede obtener una visión más práctica y realista de trabajar en una industria determinada, lo que lo ayudará a tomar mejores decisiones.

CONCLUSIÓN INSPIRADORA:

El voluntariado es una forma poderosa de contribuir a la sociedad, desarrollar habilidades valiosas y enriquecer su vida personal y profesional. Al explorar la posibilidad de ser voluntario con organizaciones relevantes para su área de interés, puede marcar la diferencia y al mismo tiempo beneficiarse de experiencias enriquecedoras.

Recuerda que al ayudar a los demás, también te estás ayudando a ti mismo. El voluntariado es una forma de cultivar la generosidad, fortalecer la conexión con su comunidad y desarrollar habilidades valiosas. Puede abrir puertas, brindar crecimiento personal y profesional y hacer que su viaje para salir de la pobreza sea más significativo y gratificante.

Encuentre una causa que resuene con usted, identifique organizaciones relevantes y emprenda ese viaje de voluntariado. Sepa que sus contribuciones son importantes y que tiene el poder de marcar una diferencia positiva en el mundo. Al dedicarte al trabajo voluntario, estarás construyendo un futuro más solidario, compasivo y próspero para todos.

#38 ASOCIACIÓN CON PERSONAS PARA DESARROLLAR PROYECTOS CONJUNTOS.

Asociarse con otras personas de ideas afines es un hábito poderoso para desarrollar proyectos conjuntos y lograr objetivos comunes. Trabajar en equipo te permite combinar habilidades, conocimientos y recursos para crear algo más grande de lo que sería posible individualmente. Aquí hay algunos datos sobre este hábito:

1. Identifique personas con intereses similares: busque personas que compartan los mismos intereses, objetivos o visión del mundo que usted. Encuentre personas que puedan complementar sus habilidades y aportar diferentes perspectivas al proyecto.

2. Comunica tu visión y metas: presenta tu visión y metas de una manera clara e inspiradora para atraer a personas interesadas en colaborar contigo. Comunique los beneficios mutuos de la asociación y muestre cómo juntos pueden lograr resultados significativos.

3. Definir roles y responsabilidades: Al establecer alianzas, es importante definir los roles y responsabilidades de cada miembro del grupo. Cada persona puede aportar sus habilidades y conocimientos específicos, haciendo que la colaboración sea más eficiente y productiva.

4. Mantenga una comunicación abierta y transparente: Establezca canales de comunicación claros y mantenga un diálogo abierto con sus socios. Comparta ideas, discuta desafíos y tome decisiones juntos para fortalecer la colaboración.

CONCLUSIÓN INSPIRADORA:

Asociarse con personas de ideas afines es una estrategia poderosa para desarrollar proyectos conjuntos y lograr objetivos comunes. Al unir fuerzas y combinar habilidades, conocimientos y recursos, puede impulsar de manera más efectiva su viaje para volverse rico.

Recuerda que juntos somos más fuertes. Al colaborar con personas que comparten sus intereses y objetivos, puede superar desafíos, aumentar su creatividad, obtener nuevas perspectivas y ampliar sus oportunidades.

Esté abierto a las asociaciones, esté dispuesto a compartir y aprenda a valorar las contribuciones de todos los miembros del equipo. Al trabajar juntos, construirán relaciones significativas, desarrollarán habilidades de trabajo en equipo y crearán algo más grande de lo que podrían hacer solos.

#39 ESTÉ ABIERTO A APRENDER DE SUS ERRORES FINANCIEROS Y BUSQUE MEJORAR.

Nadie es inmune a cometer errores financieros a lo largo de su vida, pero la clave es reconocer esos errores, aprender de ellos y esforzarse por mejorar continuamente. Aquí hay algunos datos sobre este hábito:

1. Autoevaluación honesta: realice una autoevaluación honesta de sus decisiones financieras pasadas e identifique los errores que cometió. Esto puede incluir gastos excesivos, deudas innecesarias, falta de planificación financiera o inversiones fallidas. Reconocer tus errores es el primer paso para aprender de ellos.

2. Analiza las causas y consecuencias: Analiza las causas de tus errores financieros y comprende las consecuencias que tuvieron en tu situación actual. Esto te ayudará a identificar patrones de comportamiento problemáticos y evitar repetirlos en el futuro.

3. Infórmese financieramente: busque constantemente conocimientos financieros. Cuanto más aprenda sobre principios financieros, inversiones, presupuestos y planificación, mejor equipado estará para evitar errores y tomar mejores decisiones financieras.

4. Ajuste sus estrategias: con base en las lecciones aprendidas de sus errores financieros, ajuste sus estrategias y adopte prácticas de dinero más saludables. Desarrolle un plan financiero realista, establezca metas claras e implemente buenos hábitos financieros como ahorrar, invertir y controlar los gastos.

CONCLUSIÓN INSPIRADORA:

Aprender de sus errores financieros y buscar constantemente mejorar es un enfoque poderoso para construir un futuro próspero y saludable desde el punto de vista financiero. Recuerda que los errores son oportunidades de crecimiento y aprendizaje. Cada desafío que enfrenta y cada obstáculo que supera es un trampolín hacia el éxito financiero.

Manténgase resistente, aprenda de sus errores y nunca pierda la determinación de mejorar su situación financiera. El camino hacia la estabilidad financiera puede ser desafiante, pero con perseverancia, educación financiera y ajustes continuos, puede crear una base sólida para su futuro.

Tenga en cuenta que el progreso financiero no ocurre de la noche a la mañana. Es un proceso continuo que requiere paciencia, disciplina y la voluntad de aprender de los errores en el camino. Cree en ti mismo, mantente motivado y recuerda que eres capaz de lograr la prosperidad financiera que buscas.

#40 EVITE LAS COMPARACIONES Y MANTÉNGASE ENFOCADO EN SUS PROPIOS OBJETIVOS FINANCIEROS.

A menudo tenemos la tentación de comparar nuestros logros financieros con los de los demás, lo que puede generar sentimientos de insuficiencia, insatisfacción e incluso desmotivación. Aquí hay algunos datos sobre este hábito:

1. Reconozca su viaje único: es importante reconocer que su viaje financiero es personal y no debe compararse con el de otra persona. Enfócate en tus propias metas y prioridades.

2. Establece metas realistas: Establece metas financieras realistas alineadas con tu situación actual y aspiraciones personales. Concéntrese en lograr estos objetivos, independientemente de lo que otros estén haciendo o logrando.

3. Practica la gratitud: en lugar de compararte con los demás, practica la gratitud por lo que ya has logrado. Aprecie sus logros financieros, por pequeños que sean, y reconozca el progreso que ha logrado hacia sus metas.

4. Aprenda de los demás, pero no se compare: aprenda de las historias y experiencias financieras de los demás. Busque inspiración y conocimiento de personas que han logrado el éxito financiero, pero no deje que esto lo haga sentir inferior.

5. Concéntrese en su progreso: Concéntrese en su propio progreso financiero. Realice un seguimiento de su crecimiento, celebre sus logros y aprenda de sus desafíos en el camino.

CONCLUSIÓN INSPIRADORA:

Evitar las comparaciones con otras personas y mantenerse enfocado en sus propios objetivos financieros es esencial para un viaje exitoso. Recuerda que cada persona tiene su propio camino y ritmo de crecimiento financiero. Tu viaje es único y valioso, y tienes el poder de dar forma a tu propio futuro.

Cree en ti mismo, establece metas realistas, practica la gratitud y concéntrate en tu propio progreso. No te compares con los demás, ya que cada persona tiene sus propias circunstancias, desafíos y éxitos. Manténgase firme en su viaje financiero, aprenda de las experiencias de los demás y siga trabajando para alcanzar sus metas.

Recuerde que el éxito financiero es más que solo números. Se trata de vivir una vida financieramente equilibrada, lograr la seguridad y la libertad que desea y encontrar la realización en su viaje.

Mantente enfocado, sigue avanzando y sé amable contigo mismo en el camino. Usted tiene el control de su propio viaje financiero y es capaz de lograr grandes cosas.

#41 APRENDA A GESTIONAR CONFLICTOS FINANCIEROS Y A ENFRENTAR CRISIS.

Los conflictos financieros pueden surgir en las relaciones, sociedades comerciales o incluso dentro de nosotros mismos. Es importante desarrollar habilidades para manejar estos conflictos y encontrar soluciones constructivas. Aquí hay algunos datos sobre este hábito:

1. Comunicación abierta y respetuosa: la comunicación es esencial para manejar los conflictos financieros. Esté abierto a escuchar los puntos de vista de los demás y exprese sus propios sentimientos e inquietudes con claridad y respeto. Buscar un diálogo constructivo y trabajar juntos para encontrar soluciones.

2. Busque el entendimiento mutuo: cuando se trata de conflictos financieros, es importante tratar de comprender la perspectiva de la otra parte. La empatia y la comprensión pueden ayudar a reducir las tensiones y facilitar la búsqueda de soluciones mutuamente satisfactorias.

3. Encuentre soluciones prácticas: en lugar de centrarse solo en los problemas, concéntrese en encontrar soluciones prácticas. Identificar alternativas viables y explorar opciones que puedan satisfacer las necesidades e intereses de todas las partes involucradas.

4. Controle el estrés y la presión: las situaciones de crisis financiera pueden ser estresantes y desafiantes. Es importante desarrollar mecanismos saludables para hacer frente al estrés, como hacer ejercicio, meditar, tener pasatiempos o hablar con amigos y familiares de confianza. Cuida tu salud mental y emocional para afrontar mejor estas situaciones.

CONCLUSIÓN INSPIRADORA:

Aprender a manejar conflictos financieros y enfrentar situaciones de crisis de manera efectiva es una habilidad valiosa que contribuye a una vida financiera más equilibrada. Abordar y resolver conflictos financieros de manera constructiva fortalece las relaciones, reduce el estrés y allana el camino para soluciones beneficiosas para todas las partes involucradas.

Recuerde que los conflictos financieros son oportunidades de crecimiento y aprendizaje. Al adoptar un enfoque abierto, respetuoso y orientado a la solución, puede convertir los desafíos financieros en oportunidades para el empoderamiento personal y relacional.

Tenga confianza en su capacidad para manejar conflictos y crisis financieras. Cultiva habilidades de comunicación efectiva, practica la empatía y busca soluciones prácticas. Cuando enfrente desafíos financieros, recuerde que cada obstáculo es una oportunidad para aprender, crecer y desarrollar una mentalidad resiliente. Con perseverancia y determinación, puede superar estos desafíos y construir una base sólida para la estabilidad financiera y el éxito duradero.

#42 PRACTICA LA GRATITUD Y EL SATISFECHO, VALORANDO LAS COSAS SENCILLAS DE LA VIDA.

En un mundo que a menudo nos anima a luchar por más y más, es importante recordar apreciar lo que ya tenemos. Aquí hay algunos datos sobre este hábito:

1. Reconoce las bendiciones diarias: Tómate un momento cada día para reflexionar sobre las cosas por las que estás agradecido. Podría ser algo tan simple como un hermoso día soleado, una comida nutritiva o el apoyo de sus seres queridos. Cultivar la gratitud nos ayuda a reconocer las bendiciones diarias que a menudo pasan desapercibidas.

2. Enfatice las cosas importantes: concéntrese en las cosas que realmente importan en la vida, como las relaciones, la salud, las experiencias significativas y los momentos de alegría. Al valorar las cosas importantes, podemos encontrar satisfacción y satisfacción, independientemente de nuestra situación financiera.

3. Evita la trampa del materialismo: El materialismo es la búsqueda incesante de más bienes materiales y la creencia de que la felicidad está directamente relacionada con las posesiones. Practica dejarte llevar y evita caer en la trampa de creer que tener más cosas te traerá felicidad.

4. Apreciar el presente: A menudo nos encontramos pensando en el futuro o preocupándonos por el pasado. Sin embargo, la verdadera satisfacción proviene de vivir plenamente en el presente. Esté presente en el momento, disfrute de las pequeñas alegrías de la vida cotidiana y encuentre la belleza en las cosas simples que la vida tiene para ofrecer.

CONCLUSIÓN INSPIRADORA:

Practicar la gratitud y el contentamiento nos permite apreciar las cosas simples de la vida y encontrar alegría incluso en medio de la adversidad financiera. Apreciar las bendiciones diarias, enfatizar lo que es realmente importante, evitar el materialismo excesivo y apreciar el presente nos guía a una vida más rica y satisfactoria.

Recuerda que la verdadera riqueza no está en las posesiones materiales, sino en las experiencias, conexiones y momentos de alegría que experimentamos. Al practicar la gratitud y la satisfacción, desarrollas una perspectiva positiva de la vida y encuentras paz y satisfacción independientemente de tu situación financiera.

La vida es un viaje lleno de altibajos, incluidos los desafíos financieros. Cultivar la gratitud y el contentamiento nos ayuda a encontrar la belleza en las cosas simples, apreciar las bendiciones diarias y abrazar el viaje con gratitud. Con esta mentalidad, puedes encontrar una nueva perspectiva, superar desafíos y descubrir que la verdadera riqueza está en apreciar lo que la vida te ofrece todos los días.

#43 ESTÉ DISPUESTO A SALIR DE SU ZONA DE CONFORT Y EXPLORAR NUEVAS OPORTUNIDADES.

A menudo nos quedamos atrapados en rutinas familiares y cómodas, temerosos de enfrentar lo desconocido. Sin embargo, es en esta zona de incomodidad donde encontramos las mayores oportunidades de crecimiento y éxito. Aquí hay algunos datos sobre este hábito:

1. Ábrete a nuevas experiencias: sé abierto y receptivo a probar cosas nuevas, incluso si eso significa enfrentar desafíos e incertidumbre. Esto podría incluir buscar un nuevo trabajo, iniciar su propio negocio, mudarse a una nueva ubicación o aprender una nueva habilidad.

2. Desafíe sus creencias limitantes: a menudo estamos limitados por nuestras propias creencias sobre lo que es posible o apropiado para nosotros. Ábrete a nuevas posibilidades, desafía tus propios límites y cree que eres capaz de lograr más de lo que crees.

3. Tome riesgos calculados: Salir de su zona de confort a menudo implica tomar riesgos. Sin embargo, es importante hacer un análisis cuidadoso y tomar decisiones informadas. Evalúe los riesgos involucrados, planifique estratégicamente y esté preparado para lidiar con posibles resultados negativos. Al asumir riesgos calculados, amplía sus oportunidades de crecimiento y éxito.

4. Aprende de los desafíos: a medida que te aventuras fuera de tu zona de confort, es probable que enfrentes desafíos y obstáculos. Considere estas experiencias como oportunidades de aprendizaje y crecimiento. Aprenda de los errores, ajuste su enfoque y siga avanzando con determinación y resiliencia.

CONCLUSIÓN INSPIRADORA:

Estar dispuesto a salir de su zona de confort y explorar nuevas oportunidades es un paso importante para lograr el éxito financiero y personal. Recuerda que la zona de confort puede ser un lugar seguro, pero es fuera de ella donde encontrarás crecimiento, aprendizaje y experiencias enriquecedoras.

Al abrirse a nuevas oportunidades, desafiar sus creencias limitantes y tomar riesgos calculados, expandirá sus horizontes y ampliará sus posibilidades. No dejes que el miedo o la familiaridad te impidan perseguir lo que realmente quieres.

Tenga coraje, sea resistente y confíe en su capacidad para adaptarse y crecer. Salga de su zona de confort, aproveche las oportunidades que se le presenten y disfrute el viaje de autodescubrimiento y realización. La vida está llena de posibilidades, y el verdadero crecimiento y éxito se encuentran más allá de la zona de confort.

#44 APRENDE A CUIDAR TUS FINANZAS PERSONALES EN LUGAR DE DEPENDER DE LOS DEMÁS.

En lugar de depender de otros, como familiares, amigos o asesores financieros, asumir la responsabilidad de sus propias finanzas le permite tomar decisiones informadas y tomar el control de su situación financiera. Aquí hay algunos datos sobre este hábito:

1. Infórmese financieramente: busque conocimientos sobre finanzas personales, elaboración de presupuestos, inversiones, deudas y planificación financiera. Hay muchos recursos disponibles, como libros, cursos en línea, podcasts y blogs, que pueden ayudarlo a desarrollar las habilidades que necesita para administrar sus finanzas.

2. Cree un presupuesto: Establezca un presupuesto realista que refleje sus ingresos, gastos y metas financieras. Realice un seguimiento de sus gastos, identifique áreas en las que puede reducir costos y reserve una parte de sus ingresos para ahorros e inversiones.

3. Administre su deuda: si tiene deuda, desarrolle un plan para pagarla de manera estructurada. Prioriza las deudas con tasas de interés más altas y busca alternativas para reducir o refinanciar la deuda, si es posible.

4. Establezca metas financieras: Establezca metas claras y tangibles para sus finanzas personales. Esto podría incluir ahorrar para una emergencia, hacer un viaje, comprar una casa o jubilarse cómodamente. Establecer metas te ayudará a mantenerte enfocado y motivado.

CONCLUSIÓN INSPIRADORA:

Aprender a cuidar de sus finanzas personales es un paso clave para crear una vida económicamente sana e independiente. Al asumir la responsabilidad de sus propias finanzas, obtiene el poder de tomar decisiones informadas, alcanzar metas financieras y crear un futuro próspero.

Recuerda que cuidar tus finanzas personales no se trata solo de números, se trata de tomar decisiones conscientes que reflejen tus valores y prioridades. Aprenda, edúquese y adopte prácticas financieras saludables. Tienes el poder de crear una vida financiera que te brinde paz, seguridad y libertad.

Tenga confianza en sus habilidades, comprométase con su propio crecimiento financiero y recuerde que cada pequeño paso que dé hacia la independencia financiera lo acercará más y más a una vida de prosperidad y plenitud. El viaje puede no ser fácil, pero es gratificante. Puede cuidar sus finanzas personales y alcanzar sus metas financieras.

#45 ESTABLECE LÍMITES CLAROS PARA EL ENDEUDAMIENTO, EVITANDO COMPROMETER TUS FINANZAS.

A menudo puede ser difícil decir "no" a un ser querido que necesita asistencia financiera, pero es fundamental establecer límites para garantizar que su propia estabilidad financiera no se vea comprometida. Aquí hay algunos datos sobre este hábito:

1. Evalúe su propia situación financiera: antes de prestar dinero a familiares o amigos, evalúe cuidadosamente su propia situación financiera. Asegúrese de que pedir prestado este dinero no tenga un impacto negativo en sus propias finanzas y sus metas financieras personales.

2. Establezca límites y condiciones claros: cuando preste dinero, establezca límites claros y defina los términos del préstamo, como el monto, los términos de pago, el interés (si corresponde) y cualquier otra expectativa que pueda tener. Ten una conversación abierta y honesta para evitar malentendidos y futuros resentimientos.

3. Esté dispuesto a decir "no" cuando sea necesario: reconozca que es perfectamente aceptable decir "no" cuando no se siente cómodo prestando dinero o cuando hacerlo podría perjudicar sus finanzas.

4. Ofrezca otras formas de apoyo: en lugar de prestar dinero, puede ofrecer otras formas de apoyo, como orientación financiera, ayudar en la búsqueda de empleo, compartir recursos o brindar consejos sobre cómo lidiar con la situación financiera.

CONCLUSIÓN INSPIRADORA:

Establecer límites claros sobre los préstamos a familiares y amigos es un acto de autodisciplina financiera y cuidado personal. Si bien ayudar a quienes nos rodean es importante, también debemos proteger nuestra propia estabilidad financiera. Al establecer límites, estás mostrando responsabilidad y cuidado por ti mismo.

Recuerde, decir "no" a los préstamos no significa que no se preocupe por sus seres queridos. Hay otras formas de apoyar y ayudar además del aspecto financiero. Mantenga la comunicación abierta y ofrezca otras formas de apoyo.

Al establecer límites claros, protege sus finanzas y fortalece sus relaciones al mantener una base sólida de confianza y respeto mutuo. Recuerde que usted es responsable de sus propias finanzas y tiene derecho a cuidar de sí mismo.

#46 DESARROLLE UNA MENTALIDAD DE CRECIMIENTO BUSCANDO CONSTANTEMENTE EL PROGRESO.

Desarrollar una mentalidad de crecimiento es un hábito poderoso que nos impulsa a buscar constantemente formas de desarrollarnos y progresar. Aquí hay algunos datos sobre este hábito:

1. Ábrete a nuevas oportunidades de aprendizaje: Estar dispuesto a aprender cosas nuevas, adquirir nuevas habilidades y ampliar tus conocimientos en diferentes áreas. Busque cursos, talleres, libros, podcasts y otras fuentes de aprendizaje que puedan enriquecer su conocimiento y mejorar sus habilidades.

2. Asume desafíos y enfrenta la adversidad: Estar dispuesto a salir de tu zona de confort y enfrentar los desafíos. Vea los obstáculos como oportunidades de aprendizaje y crecimiento, y esté preparado para enfrentar la adversidad con resiliencia y determinación.

3. Cultivar una mentalidad de aprendizaje continuo: vea cada experiencia como una oportunidad de aprendizaje. Esté abierto a comentarios constructivos, sea humilde para reconocer que siempre hay margen de mejora y esté dispuesto a adaptarse y ajustarse según sea necesario.

4. Mantente motivado y persistente: Cultiva una actitud positiva, mantente motivado y persevera incluso frente a desafíos y contratiempos.

5. Busque inspiración y mentores: busque mentores inspiradores o modelos a seguir que puedan guiarlo y motivarlo en su viaje de crecimiento.

CONCLUSIÓN INSPIRADORA:

Desarrollar una mentalidad de crecimiento es fundamental para lograr el éxito y el progreso continuo en todas las áreas de la vida, incluidas las finanzas. Al adoptar una mentalidad de crecimiento, se establece en el camino hacia el desarrollo personal y profesional, abriendo las puertas a nuevas oportunidades y logros.

Recuerde que el aprendizaje y el crecimiento son procesos continuos. Valore cada experiencia como una oportunidad de aprendizaje y vea los desafíos como peldaños hacia el éxito. No tengas miedo de cometer errores, ya que son los momentos en los que se produce el mayor crecimiento. Manténgase motivado, persistente y tenga confianza en su capacidad para aprender y desarrollarse.

Al cultivar una mentalidad de crecimiento, estás invirtiendo en ti mismo y en tu potencial ilimitado. Cree en tu capacidad de crecer, aprender de los desafíos y mantener la determinación de seguir progresando.

Recuerda que cada paso hacia el crecimiento es un paso hacia una vida más significativa, plena y próspera.

#47 DEFINE PLAZOS PARA ALCANZAR SUS METAS FINANCIERAS Y SEGUIMIENTO DE SU PROGRESO.

Al establecer plazos claros, crea una sensación de urgencia y compromiso, y le permite medir su progreso a lo largo del tiempo. Aquí hay algunos datos sobre este hábito:

1. Establezca metas financieras específicas y medibles: asegúrese de que sus metas financieras sean claras y objetivas. Por ejemplo, en lugar de simplemente decir "Quiero ahorrar más dinero", establece una meta específica como "Quiero ahorrar X cantidad de dinero en un tiempo determinado".

2. Divida sus objetivos en pasos más pequeños: para que sus objetivos sean más alcanzables, divídalos en pasos más pequeños y establezca plazos realistas para cada paso. Esto le permite realizar un seguimiento más tangible de su progreso y celebrar los pequeños logros en el camino.

3. Realice un seguimiento de su progreso con regularidad: reserve tiempo regularmente para revisar su progreso con respecto a sus objetivos establecidos. Esto se puede hacer mensualmente, trimestralmente o en intervalos de tiempo que se adapten a sus objetivos.

4. Realice ajustes cuando sea necesario: mientras realiza un seguimiento del progreso, esté abierto a realizar ajustes en su plan si es necesario. Si notas que no avanzas como esperabas, vuelve a evaluar tus estrategias, haz los ajustes necesarios y sigue avanzando hacia tus objetivos.

CONCLUSIÓN INSPIRADORA:

Establecer plazos para sus objetivos financieros y hacer un seguimiento de su progreso con regularidad es un enfoque proactivo y eficaz para lograr la estabilidad y el éxito financieros.

Recuerde que el progreso no es lineal y puede haber desafíos en el camino. Sin embargo, al establecer plazos claros y realizar un seguimiento de su progreso, se mantiene enfocado y motivado hacia sus objetivos.

Celebre cada hito y logro a lo largo del camino. Recuerda que cada paso que das hacia tus metas es un progreso significativo. Si hay contratiempos o retrasos, véalos como oportunidades de aprendizaje y crecimiento, y esté dispuesto a hacer los ajustes necesarios a su plan.

El seguimiento de su progreso financiero no solo lo mantiene encaminado para alcanzar sus metas, sino que también le brinda una sensación de control y empoderamiento sobre sus finanzas. Manténgase comprometido, sea constante y crea en su capacidad para alcanzar sus metas financieras.

Con determinación y enfoque, puede convertir sus sueños en realidad y crear una vida financiera próspera y satisfactoria.

CONCLUSIÓN

Después de explorar los 47 hábitos para el éxito en su búsqueda para volverse rico, está claro que lograr la estabilidad financiera requiere una combinación de disciplina, determinación y habilidades prácticas. Cada uno de estos hábitos juega un papel clave en la transformación de una situación financiera desafiante en una vida próspera y plena.

Al adoptar estos hábitos, se fortalece para tomar el control de su vida financiera, establecer metas claras, administrar sus finanzas de manera eficiente, buscar oportunidades de crecimiento y aprendizaje, y desarrollar relaciones saludables con el dinero y otras personas.

Recuerda que el camino hacia la superación de la pobreza puede ser desafiante, pero tienes dentro de ti el poder de transformar tu realidad. Cultive una mentalidad de crecimiento, esté abierto a aprender y adaptarse, y manténgase motivado y perseverante frente a los obstáculos.

Al poner en práctica estos 47 hábitos, estará construyendo una base sólida para una vida financiera próspera y plena. Recuerde que el éxito financiero no se trata solo de acumular riqueza, se trata de tener la libertad de vivir una vida con propósito, seguridad y oportunidad.

Nunca subestimes el poder que tienes para dar forma a tu futuro financiero. Cada paso que das hacia una vida financiera saludable es un paso hacia la realización de tus sueños y aspiraciones.

Cree en ti mismo, persiste incluso frente a las dificultades y recuerda que el éxito financiero no se trata solo del destino, sino del viaje que elijas emprender. Manténgase comprometido con su crecimiento personal y financiero, y sepa que tiene todo lo que necesita para lograr la prosperidad que desea.

Nunca te rindas, mantente enfocado en tus metas y recuerda que la pobreza no define quién eres. Tienes el poder de cambiar tu situación financiera y crear la vida que deseas. Sigue estos hábitos con determinación, coraje y esperanza, y verás cambios positivos en tu vida y en la vida de quienes te rodean.

El éxito financiero está al alcance. Esté dispuesto a recorrer el camino de la transformación, y la recompensa será una vida abundante en todos los aspectos. Eres capaz de salir de la pobreza y construir una vida próspera. Cree en ti mismo, sigue estos hábitos y sé el protagonista de tu propia historia de éxito financiero